實用的心理技巧＋改變日常習慣

從內心深處探索自信的根源

REACH THE GO...

目標
達成學

在人生賽道上
超速前進

覺得自己離目標總是差那麼一點點，到底是差在哪裡？

很想成為人生勝利組，卻苦於沒有目標？

想要精進自己，這個學一點那個學一點，也只是學到皮毛？

想要逆襲，得先看看自己的「內在裝備」是不是整組壞光光！

逆境心理策略、時間管理技巧、目標框架設定，

將願景變成現實的超強策略！

王郁陽，舒天，孫思忠 編著

目錄

目錄

前言

　　追求卓越是生命中最熾熱的的因子，渴望成功是人生最活躍的本能。因為，成功意味著生命的富足與健康，成功代表著人生的幸福與快樂。儘管生活從來不會讓我們盡如人意，人生始終都是競賽般的艱辛，但成功的夢想，從人生開始的那一刻，就在我們每個人的心裡熱得滾燙。

　　實現人生的成功，可以有無數種選擇，可以有無數條路徑，但都離不開人生的智慧。你可以勇敢地去追求，若是缺少了智慧，就只能是在空幻中做不切實際的努力。你也可以不停地奮鬥，若是沒有智慧的支撐，就只能在無休止的煩惱中埋葬最初的熱情。

　　人生的智慧在於對生命的思考，而成功的人生在於讓智慧閃光。

　　成功人生的大智慧，是生活的哲理，是處世的藝術，是立身的學問，是生存的技巧，更是一把開啟成功之門的金鑰匙。

　　人生是個萬花筒，每個人都以自己的方式，表現出獨具個性的色彩與姿態。如果缺少了智慧，就會使自己的人生黯然失色。也許我們一次不理智的拖延，卻錯過了春天的季

節；也許我們一次不留神的衝動，卻夭折了未成熟的果實；也許我們一次不聰明的放棄，卻失去了與成功牽手的機會。因此，感悟成功人生的經驗，啟用自我的智慧能量，可以使我們的人生少走些彎路，少犯些錯誤，更快些與陽光擁抱，與成功交匯。

　　人生的智慧豐富多彩，成功的方法許許多多。如果你想把握住未來的人生，那麼，善於學習、善於思索，就會裨益多多。本書將精彩的人生哲理、實用的人生途徑、最有說服力的人生經驗，盡收囊中，送給各位讀者，目的就是啟迪讀者對人生的思索，引發讀者對生活的感悟，讓讀者在智慧的海洋中，找到自己的成功之路。

　　青年時期，是人生的黃金時期。

　　人生不可缺少智慧，智慧創造新的人生。

　　願以此書與青年讀者朋友共勉。

一、積極的心態是成功的法寶

1 成功與失敗就在心態之中 ▶

　　一個人能否成功，關鍵取決於他的心態如何。成功者與失敗者的差別在於前者以積極的心態去對待人生，後者則以消極的心態去面對生活。而只有積極的心態才是成功者的法寶。

　　兩個具有不同心態的人從牢房的窗戶同時向外望著：

　　一個人看到的是暗夜和天空中的烏雲。

　　而另一個人看到的卻是暗夜裡朦朦的月色和雲縫裡點點的星光。

　　為什麼有些人能夠成為富豪？成為富豪者首先即在於他具有積極的心態（PMA）。心態不同，所看到的夜景竟是如此的不同。成功的創富者總是運用 PMA 黃金定律去支配自己的人生，即用「積極的心態」來面對這個世界，面對一切可能出現的困難和險阻。他們始終用積極的思考、樂觀的精神、充實的靈魂和瀟灑的態度支配、控制自己的人生。他們不斷地克服困難，從而不斷地走向成功。而失敗者則精神空虛，他們受過去曾經經歷過的種種失敗和疑慮的引導和支配，以陰暗的心理、卑怯的靈魂、失望悲觀的心態和消極頹

廢的人生目的為前導，其後果只能是從失敗走向新的失敗，
至多是永駐於過去的失敗之中，不再奮發。

　　仔細觀察比較一下成功者與失敗者的心態，尤其是關鍵
時候的心態，我們就會發現「心態」導致人生驚人的不同。

　　在推銷員中，廣泛流傳著一個這樣的故事：兩個歐洲人
到非洲去推銷皮鞋。由於炎熱，非洲人向來都是打赤腳。第
一個推銷員看到非洲人都打赤腳，立刻失望起來：「這些人
都打赤腳，怎麼會要我的鞋呢？」於是放棄努力，失敗沮喪
而回；另一個推銷員看到非洲人都打赤腳，驚喜萬分：「這
些人都沒有皮鞋穿，這皮鞋市場大得很呢！」於是想方設
法，引導非洲人購買皮鞋，最後發了大財而歸。這就是一念
之差導致的天壤之別。同樣是非洲市場，同樣面對打赤腳的
非洲人，由於一念之差，一個人灰心失望，不戰而敗；而另
一個人滿懷信心，大獲全勝。

　　從以上事例我們可以看到，我們的心態在很大程度上決
定了人生的成敗。由此，我們可以得出以下幾點體會：

1. 我們怎樣對待生活，生活就怎樣對待我們。
2. 我們怎樣對待別人，別人就怎樣對待我們。
3. 我們在一項任務剛開始時的心態決定了最後有多大的成
　 功，這比任何其他的因素都重要。
4. 人們在任何重要組織中地位越高，就越能找到最佳的心態。

　　讓我們不斷地用積極的心態來對待自己的生活和事業吧，播出積極的種子，必定會收穫成功的果實。

■ 2　你的心態演繹你的世界 ▶

蒂莫西·RV·福斯特認為：自憐是獨立精神的毀滅者，只有把你一生中所發生的所有事件，都看做是激勵你上進而發生的事件，這才表示你已經具備積極的心態，它足以演繹你所擁有的整個世界。

如果你掌握你的思想，並導引它為你的明確目標服務的話，你就能享受：

1. 為你帶來成功環境的成功意識；

2. 生理和心理的健康；

3. 獨立的經濟；

4. 出於愛心而且能表達自我的工作；

5. 內心的平靜；

6. 驅除恐懼的實用信心；

7. 長久的友誼；

8. 長壽而且各方面都能取得平衡的生活；

9. 免於自我設限；

10. 了解自己和他人的智慧。

有這樣一則發生在美國的故事：星期六的早晨，一個牧師正在為第二天的講道辭煞費苦心。他的妻子出去購物了，外面下著小雨，兒子強尼無所事事，煩躁不安。牧師隨手抓起一本舊雜誌，翻了翻，看見一張色彩鮮麗的世界地圖。於是他把這一頁撕下來，然後把它撕成小片，丟在客廳的地板上說：

「強尼，你把它拼起來，我就給你一塊巧克力。」

牧師心想，他至少會忙上半天，自己也能安靜地思考明天的布道辭。誰知不到 10 分鐘，兒子敲響了他書房的門，他已經拼好了。牧師十分驚訝，強尼居然這麼快地拼好了。每一片紙張都拼對了位置，整張地圖又恢復了原狀。

「兒子，你怎麼這麼快就拼好啦？」牧師問。

「噢，」強尼說，「很簡單呀！這張地圖的背面有一個人的圖畫。我先把一張紙放在下面，把人的圖畫放在上面拼起來，再放一張紙在拼好的圖畫上，然後翻過來就好了。我想，假使人拼得對，地圖一定不會拼錯。」

牧師非常高興，給了兒子一塊巧克力，說：「你不但拼好了地圖，而且也教給了我明天布道的題目 —— 假使一個人是對的，他的世界也是對的」。這個故事的意義非常深刻，如果你不滿意自己的現狀，想力求改變它，那麼首先應該改變的是你自己。即「如果你是對的，你的世界也是對的」。

假如你有積極的心態，你周圍所有的問題都會迎刃而解。

▍3 良好的心態是前進的動力 ▶

　　良好的心態是一股看不見，但又實實在在存在的力量，是推動我們前進的車輪。

　　這個世界上所有成就偉大事業的人，都是因為憑藉了一種積極的、建設性的心態。是創造力、進取精神和激勵人心的力量在支撐和構築著所有成就。一個精力充沛、充滿活力的人總是創造條件使他心中的願望得以實現。他知道，沒有什麼事情會自動發生，因此他總是主動地推動事情的發生。

　　許多積極主動的人因為自信心的毀滅而變得消極被動起來。他們逐漸地對自己失去了信心，這也許開始於其他人暗示他們的無能，也許開始於他們認為自己不能取得成就的想法，或者是他們認為自己不能勝任目前職務的想法。很快，由於這種微妙的心理暗示作用，他們的創新精神就遭到極大的削弱，他們再也不像以前那樣滿腔熱忱、勁頭十足地去從事任何事情了。他們漸漸失去了大刀闊斧、雷厲風行、果斷處事的能力，很快就會對一些重大事情變得畏首畏尾，不敢做出決定。他們的思想變得動搖起來。因而，他們不會像以前那樣成為領導者，而只能成為追隨者。

我們一定要從心底裡堅信，我們的精神力量和思想力量能夠幫助我們實現自己決心要做的任何事情。就是這種滿懷信心的期待能使我們集中全部的精神去努力成就事業。換句話說，我們所有的精神力量會與我們的期待、與我們的決心保持高度一致。

我們期待並決心要完成我們全力以赴的事情，這會在現實生活中為我們提供一幅應該努力使之實現的藍圖。這幅藍圖會成為人們心中的願景，這種願景將激發富於創造力的人們去做偉大的創造。

埃米爾・賴希說：「懷有偉大的期待和決意要達到目標的人，是絕不會在意成功道路上的障礙的，因為憑著他的積極的心態，他總能一一除掉妨礙成功的許多敵人，但這些敵人往往使那些意志薄弱和優柔寡斷的人大栽跟頭。」

對於一個學生或一個年輕小夥子來說，學會如何使自己的心態最富創造力，學會如何使思想始終保持積極的狀態，學會如何避免會帶來消極影響的事情，遠比他學會各種拉丁語系的語言，學會希臘語以及懂得世界上各門學問都要有價值得多。

我們經常看到一些大學生走向了失敗，這主要是因為他們的思想為消極觀念所主導，從而喪失了創造力。只需短短幾個月的時間去訓練他們的心理能力和改善他們的薄弱環

節，那些存在諸多缺陷和不足的人往往會從這種正確的思想中受益匪淺。他們從這種正確的思想中獲得的益處，甚至要比他們單純從整個大學課程中獲得的益處還要多。

積極的、建設性的心態有助於發展人的創造力，而創造力就是人最重要的精神特質。如果你現在的思想傾向於消極，如果你感到自己現在缺乏創新精神，那麼，透過養成一種對一切事情保持積極心態的習慣，你很快就會驚人地增強你的創造力。即使你在消遣、娛樂時，這一點也很重要。消極的心態總是使人變得脆弱和渺小。

成功學大師拿破崙‧希爾說：

「積極的心態，就是心靈的健康和營養。這樣的心靈，能吸引財富、成功、快樂和身體的健康。消極的心態，卻是心靈的疾病和垃圾。這樣的心靈，不僅排斥財富、成功、快樂和健康，甚至會奪走生活中已有的一切。」

我們「偉大的內在」當中有一種我們無法解釋的神祕力量，我們都能感受到它的存在，這種力量我們呼之即來，無論做任何事情，它總能貫徹我們的命令和決定。

4　積極的心態源於對生活的樂觀　▶

　　美國心理學家傑弗里·P·戴維森認為：積極的心態源於對生活的樂觀精神，凡事不要想得太悲觀、太絕望，否則你眼中的世界將是一片灰暗。對待生活應該持樂觀自信的態度。

　　那麼怎樣才能培養樂觀的精神呢？培養樂觀的精神可以採取如下方法：

1. 不要做一個受制於自我的困獸

　　衝出自製的樊籠，做一隻翔翔的雄鷹。只要是抱著樂觀主義，就必定是個實事求是的現實主義者。而這兩種心態，是解決問題的孿生子。最不足以交往的朋友，是那些悲觀主義者和一些只會取笑他人的人。「沒有什麼大不了，只是有些不方便而已！」真正的朋友，該是這種類型的人。當我們幫助朋友時，不要只著重分擔他的痛苦和說些愚昧的安慰的話。如果要建立親密的關係，就必須有共同的人生價值和目標。

2. 當情緒低落時，不妨去訪問孤兒院、養老院、醫院

　　看看世界上除了自己的痛苦之外，還有多少不幸。如果情緒仍不能平靜，就積極地去和這些人接觸。和孩子們一起

散步遊戲，把自己的情緒，轉移到幫助別人身上，並重建自己的信心。通常只要改變環境，就能改變自己的心態和感情。

3. 聽聽愉快的鼓舞人的音樂

不要看早上的電視新聞。你只要瞄一眼權威性報紙的第一版新聞就夠了，它已足以讓你知道將會影響你生活的國際或國內新聞。看看與你的職業及家庭生活有關的當地新聞。不要向誘惑屈服，因而浪費時間去看別人悲慘的詳細新聞。在乘車上學或上班途中，可聽聽電臺的音樂或自己喜歡的音樂。如果可能的話，和一位積極心態者共進早餐或午餐。晚上不要坐在電視機前，要把時間用來和你所愛的人談談天。

4. 改變你的習慣用語

不要說「我真的累壞了」，而要說「忙了一天，現在心情真輕鬆」；不要說「他們怎麼不想想辦法」，而要說「我知道我將怎麼辦」；不要在團體中抱怨不休，而要試著去讚揚團體中的某個人；不要說「為什麼麻煩偏偏找上我」，而要說「就讓困難來考驗我吧」；不要說「這個世界亂七八糟」，而要說「我要先把自己的家庭照顧好」。

5. 重視你自己的生命

不要說「只要吞下一口毒藥，就可獲得解脫」。不妨這樣想，「PMA 將協助你度過難關」。你所交往的朋友，你所

拜訪的地方，你所聽到或看到的事物，全都記錄在你的記憶中。由於頭腦指揮身體如何行動，因此你不妨從事高階和最樂觀的思考。人們問你為何如此樂觀時，請告訴他們，你情緒高昂是因為你服用了「安多酚」。

6. 從事有益的娛樂與教育活動

觀看介紹自然美景、家庭健康以及文化活動的影片。挑選電視節目及電影時，要根據它們的品質與價值，而不是注意商業吸引力。

7. 在幻想、思考以及談話中，應表現出你的健康情況良好

每天對自己做積極的自言自語，不要老是想著一些小毛病，像傷風、頭痛、刀傷、擦傷、抽筋、扭傷以及一些小外傷等。如果你對這些小毛病太過注意，它們將會成為你最好的朋友，經常來「問候」你。你腦中想些什麼，你的身體就會表現出什麼。在撫養及教育孩子時，這一點尤其重要，要注重家庭的好處，注意家庭四周的健康環境。有一些父母似乎過度關心孩子的健康與安全，反而使他們的孩子變成了精神病患者。

8. 在你生活中的每一天裡，寫信、拜訪或打電話給需要幫助的某些人

向某人顯示你的積極心態，並把你的積極心態傳給別人。

9. 把休息日變成培養積極心態的日子

　　成功人士生活中的三大支柱就是：信仰、良好的家庭關係以及高度的自尊心。

　　將這 9 條培養樂觀精神的方法不斷地在心理和行動上去體驗和操作，就會使得自己具備樂觀向上的品格，這就會使你有可能成為精神和物質兩方面的富豪。

■ 5 和自己的消極心態告別 ▶

如何和消極心態告別？安迪‧葛洛夫告訴我們下列的經驗和方法：切斷和你過去失敗經驗的所有關係，消除你腦海中和積極心態背道而馳的所有不良因素。找出你一生中最希望得到的東西，並立即著手去得到它。藉著幫助他人得到同樣好處的方法，去追尋你的目標。如此一來，你便可以將多付出一點點的原則，應用到實際行動之中。

確定你需要的資源之後，便制定得到這些資源的計畫，然而所定的計畫必須不要太過度，也不要太不足。別認為自己要求得太少，記住：貪婪是使野心家失敗的最主要因素。

每天說或做一些使他人感到舒服的話或事，你可以利用電話、明信片，或一些簡單的善意動作達到此一目的。例如給他人一本勵志的書，就是為他帶來一些可使他的生命充滿奇蹟的東西。日行一善，可永遠保持無憂無慮的心情。

使你自己了解打倒你的不是挫折，而是你面對挫折時所抱的心態，訓練自己在每一次不如意中，都能發現和挫折等值的積極面。

務必使自己養成精益求精的習慣，並以你的愛心和熱情

發揮你的這項習慣，如果能使這種習慣變成一種嗜好那是最好不過的了。如果不能的話，至少你應記住：懶散的心態，很快就會變成消極心態。

當你找不到解決問題的答案時，不妨幫助他人解決他的問題，並從中找尋他所需要的答案。在你幫助他人解決問題的同時，你也正在洞察解決自己問題的方法。

每週閱讀一次愛默生的《報酬隨筆》，直到你能領悟其中的道理為止。這本著作可使你確信，人們能從積極心態獲得好處。

徹底地「盤點」一次你的財產，你會發現你所擁有的最有價值的財產就是健全的思想，有了它你就可以自己決定自己的命運。

和你曾經以不合理態度冒犯過的人聯絡，並向他致上最誠摯的歉意，這項任務愈困難，你就愈能在完成道歉時，擺脫掉內心的消極狀態。

我們在這個世界上到底能占有多少空間，是和我們為他人利益所提供服務的質與量，以及提供服務時所產生出的心態成正比例的關係。

改掉你的壞習慣，連續一個月每天禁絕一項惡習，並在一週結束時反省一下成果。如果你需要顧問或幫助時，切勿讓你的自尊心使你卻步。

放棄想要控制別人的念頭，在這個念頭摧毀你之前先摧毀它，把你的精力轉而用來控制你自己。

把你的全部思想用來做你想做的事，而不要留半點思維空間給那些胡思亂想的念頭。

向每天的生活索取合理的回報，而不要光等著回報跑到你的手中，你會因為得到許多你所希望的東西而感到驚訝——雖然你可能一直都沒有察覺到。

以適合你生理和心理的方式生活，別浪費時間以免落於他人之後。

除非有人願意以足夠證據，證明他的建議具有一定的可靠性，否則別接受任何人的建議，你將會因謹慎而避免被誤導，或被當成傻瓜。

務必了解人的力量並非全然來自物質而已。甘地領導他的人民爭取自由所依靠的並非財富。

使自己多多活動以保持健康狀態，生理上的疾病很容易造成心理的失調，你的身體應和你的思想一樣保持活動，以維持積極的行動。

增加自己的耐性，並以開闊的心胸包容所有事物，同時也應與不同種族和不同信仰的人多接觸，學習接受他人的本性，而不要一味地要求他人照著你的意思行事。

你應承認，「愛」是你生理和心理疾病的最佳藥物，愛

會改變並且調適你體內的化學元素，以使它們有助於你表現出積極心態，愛也會擴充你的包容力。接受愛的最好方法就是付出你自己的愛。

以相同或更多的價值回報給你好處的人。「報酬增加律」最後還會為你帶來好處，而且可能會為你帶來所有你應得到的東西的能力。

記住，當你付出之後，必然會得到等價或更高價的東西。抱著這種念頭，可使你驅除對年老的恐懼。一個最好的例子就是，年輕消逝，但換來的卻是智慧。

你要相信你可以為所有的問題找到適當的解決方法，但也要注意你所找到的解決方法，未必都是你想要的解決方法。

參考別人的例子，提醒自己，任何不利情況都是可以克服的。雖然愛迪生只接受過 3 個月的正規教育，但他卻是最偉大的發明家。雖然海倫‧凱勒失去了視覺、聽覺和說話能力，但她卻鼓舞了數萬人。明確目標的力量必然勝過任何限制。

對於善意的批評應採取接受的態度，而不應採取消極的反應。接受學習他人如何看待你的機會，利用這種機會做一番反省，並找出應該改善的地方。別害怕批評，你應勇敢地面對它。

　　和其他獻身於成功原則的人組成智囊團，討論你們的程序，並從更寬廣的經驗中獲取好處，務必以積極面作為基礎進行討論。

　　分清楚願望、希望、欲望以及強烈欲望與達到目標之間的差別，其中只有強烈的欲望會給你驅動力，而且只有積極心態才能供給產生驅動力所需的燃料。

　　避免任何具有負面意義的說話型態，尤其應根除吹毛求疵、閒言閒語或中傷他人名譽的行為，這些行為會使你的思想向消極面發展。

　　鍛鍊你的思想，使它能夠導引你的命運朝著你希望的方向發展，把握住「報酬」信封裡的每一項利益，並將它們據為己有。

　　隨時隨地都應表現出真實的自己，沒有人會相信騙子的。

　　相信無窮智慧的存在，它會使你產生為掌握思想和導引思想而奮鬥所需要的所有力量。

　　相信你所擁有的，使自己具備自決意識的能力，藉著這種信心作為行事基礎，將它應用到工作上。現在就開始做！

▍6　用積極的心態對待自己 ▶

1. 積極尋找最佳新觀念

　　有積極心態的人時刻在尋找最佳的新觀念。這些新觀念能增加積極心態者的成功潛力。正如法國作家雨果說的,「沒有任何東西的威力比得上一個適時的主意」。

　　有些人認為,只有天才才會有好主意。事實上,要找到好主意靠的是態度,而不是能力。一個思想開放有創造性的人,哪裡有好主意,就往哪裡去。在尋找的過程中,他不輕易扔掉一個主意,直到他對這個主意可能產生的優缺點都徹底弄清楚為止。據說,世界最偉大的發明家之一湯瑪斯·愛迪生的一些傑出的發明,是在思考一個失敗的發明,想為這個失敗的發明找一個額外用途的情況下誕生的。

2. 言行舉止像你希望成為的人

　　許多人總是等到自己有了一種積極的感受再去付諸行動,這些人在本末倒置。積極行動會導致積極思維,而積極思維會導致積極的人生心態。心態是緊跟行動的,如果一個人從一種消極的心態開始,等待著感覺把自己帶向行動,那他就永遠成不了他想做的積極心態者。

3. 用積極的心態把自己視為成功者

美國億萬富翁、工業家卡內基說過：「一個對自己的內心有完全支配能力的人，對他自己有權獲得的任何其他東西也會有支配能力。」當我們開始用積極的心態把自己視為成功者時，我們就開始成功了。

誰想收穫成功的人生，誰就要當個好「農民」。我們決不能僅僅播下幾粒積極樂觀的種子，然後指望不勞而獲。我們必須為這些種子澆水，替幼苗培土施肥。要是疏忽這些，消極心態的野草就會叢生，奪去土壤的養分，直到莊稼枯死。

照看好生機勃勃的莊稼，別為野草澆水。正如《聖經》腓立比書第四章第八節所說的：「凡是真實的、可敬的、公平的、清潔的、可愛的、有美名的，若有什麼德行，若有什麼稱讚，這些事你們都要考慮。」

4. 培養一種奉獻的精神

曾被派往非洲的醫生及傳教士阿爾伯特·施惠澤說：「人生的目的是服務別人，是表現出助人的熱忱與意願。」他意識到，一個積極心態者所能做的最大貢獻是給予。

前任通用麵粉公司董事長哈里·布利斯曾這樣忠告屬下的推銷員：「忘掉你的推銷任務，一心想著你能帶給別人什麼服務。」他發現人們一旦關注於服務別人，就馬上變得更有衝勁，更有力量，更加無法拒絕。說到底，誰能抗拒一個

盡心盡力幫助自己解決問題的人呢？

布利斯說：「我告訴我們的推銷員，如果他們每天早晨開始工作時這樣想：『我今天要盡可能幫助更多的人』，而不是『我今天要盡可能推銷更多的貨』，他們就能找到一個跟買家打交道更容易、更開放的方法，推銷的成績就會更好。誰盡力幫助其他人活得更愉快更瀟灑，誰就實現了推銷術的最高境界。」

給予別人成了一種生活方式。現在還無法預測給予所帶來的積極結果。拿破崙‧希爾曾說過關於一個名叫沙都‧遜達‧辛格的人的故事。有一天，辛格和一個旅伴穿越高高的喜馬拉雅山脈的某個山口，他們看到一個躺在雪地上的人，辛格想停下來幫助那個人，但他的同伴說：「如果我們帶上他這個累贅，我們就會丟掉自己的命。」

但辛格不能想像丟下這個人，讓他死在冰天雪地之中。當他的旅伴跟他告別時，辛格把那個人抱起來，放在自己背上，他使盡力氣揹著這個人往前走。漸漸地辛格的體溫使這個凍僵的身軀溫暖起來，那人活過來了。過了不久，兩個人並肩前進。當他們趕上那個旅伴時，卻發現他死了 —— 是凍死的。

在這個例子中，辛格心甘情願地把自己的一切 —— 包括生命 —— 給予另外一個人，使他儲存了生命。而他那無情的旅伴只顧自己，最後卻丟了性命。

■ 7　用積極的心態對待別人 ▶

1. 用美好的感覺、信心與目標去影響別人

　　隨著你的行動與心態日漸積極，你就會慢慢獲得一種美滿人生的感覺，信心日增，人生中的目標感也越來越強烈。緊接著，別人會被你吸引，因為人們總是喜歡跟積極樂觀者在一起。運用別人的這種積極響應來發展積極的關係，同時幫助別人獲得這種積極態度。

2. 讓別人感到自己的重要和被需要

　　每個人都有一種欲望，即感覺到自己的重要性，以及別人對自己的需要與感激。這是我們普通人的自我意識的核心。如果你能滿足別人心中的這一欲望，他們就會對自己，也對你抱持積極的態度。一種你好我好大家好的局面就形成。正如美國 19 世紀哲學家兼詩人愛默生說的：「人生最美麗的補償之一，就是人們真誠地幫助別人之後，同時也幫助了自己。」

　　使別人感到自己重要的另一個好處，就是反過來會使你自己感到重要。

在大多數情況下，你怎樣對別人，別人就怎樣對你，就像那個講述兩個不同的人遷移到同一個小鎮的故事一樣。

第一個人到了市郊就在一個加油站停下來問一位職員：「這個鎮裡的人怎麼樣？」

加油站職員反問：「你從前住的那個鎮的人怎麼樣？」

第一人回答：「他們真是糟透了，很不友好。」

於是加油站職員說：「我們這個鎮的人也一樣。」

過了些時候，第二個駕車人駛進同一加油站，問職員同一個問題：「這個鎮的人怎麼樣？」

那個職員同樣反問：「你從前住的那個鎮上的人怎麼樣？」

第二個人回答：「他們好極了，真的十分友好。」

加油站職員於是說：「你會發現我們這個鎮的人完全一樣。」

那個職員懂得，你對別人的態度跟別人對你的態度是一樣的。

3. 同情和理解他人

在日常生活中，那些持有 NMA 心態的人常常抱怨：父母抱怨孩子們不聽話；孩子們抱怨父親不理解他們；男朋友抱怨女朋友不夠溫柔；女朋友抱怨男朋友不夠體貼。在工作中，也常出現主管埋怨下級工作不力，而下級埋怨上級不夠

理解自己，不能發揮自己的才能。他們對生活總是抱怨而不是感激。貝瑞‧Z‧波斯納認為，如果你常流淚，你就看不見星光，對人生對大自然的一切美好的東西，我們要心存感激，則人生就會顯得美好許多。

有這麼一句話：「一個女孩因為她沒有鞋子而哭泣，直到她看見了一個沒有腳的人才停止。」世間很多事情，常常是我們沒有珍視身邊所擁有的，而當失去它時，才又悔恨。

二、自信是成功的先決條件

1　自信是成功的必備因素　▶

　　自信是一種精神狀態，信心能讓你的永續成就有所助益，因此你必須具備積極的信心。

　　古今中外，凡是智慧上有所發展、事業上有所成就的人，都有一條成功的祕訣：自信。這些人儘管各自的出身、經歷、思想、性格、興趣、處境等有所不同，但他們都有一個共同點就是對自己的才智、事業和追求充滿必勝的信心。自信的意識、自信的力量，足以使一個人瀟灑自如地面對人生，以艱苦卓絕的奮鬥改變自己的命運或是實現自己的人生價值。古有司馬遷宮刑而作《史記》，孫臏刖足而修兵法；近代有又聾又瞎的海倫·凱勒給全世界以新的啟示。試觀寰宇，多少人傑高擎自信的旗幟，懷著巨大的希望生活，從逆厄中奮起，在困挫中挺進，披荊斬棘，終於衝上了人生的巔峰，向世界證實了人類的偉大。

　　自信就是力量，奮鬥就會成功！維克多·格林尼亞年輕時是法國瑟堡地區很有名的一個浪蕩公子。有一次，在一個盛大的宴會上，他像往常一樣傲氣十足地邀請一位年輕美麗的小姐跳舞，那位小姐覺得受到了極大的侮辱，怒不可遏地

說：「算了，請你站遠一點。我最討厭像你這樣的花花公子擋住我的視線。」這句話刺痛了格林尼亞的心。他在震驚、痛苦之後，猛然醒悟，對自己的過去無比悔恨，決心離開瑟堡，去闖一條新路。他在留給家人的紙條上說：「請不要探問我的下落，容我刻苦努力學習。我相信自己將來會創造出一番成就來的！」結果，經過 8 年的刻苦奮鬥，他終於發明了以他的名字命名的「格式試劑」，並榮獲諾貝爾獎，成為著名的化學家。

無疑的，你可暫時放鬆你的理智和意志力，並完全敞開胸懷去接受無窮智慧，思想是一個人有權完全掌握的惟一物件，你必須控制你的思想，使它定期敞開以接受無窮的智慧力量。

喬·特納維爾說：「無論你的內心所懷抱著的意念或信仰是什麼，他都可能成為真實。因此，切勿在通往無窮智慧的道路上自設路障，就像當陽光通過三稜鏡時，會分成多道光束一樣，當自信化作無窮智慧透過你的內心時，也會綻放出不同的光芒。」

人並非天生偉大，成功者也不是天生之才，而且也不一定在少年或青年時代就是出類拔萃的人才。而是自信主動意識決定了一個人走向成功！像維克多·格林尼亞這樣的「浪子回頭金不換」，不就是這個道理嗎？

　　記住，信心是一種精神狀態，它是靠著調整你的內心，去接受無窮智慧的方法發展而成的。信心是使無窮智慧的力量配合你明確目標的一種適應表現，信心是「成功」的發電機，也是將你的想法付諸實現的原動力。

▋ 2　自信是你內心的主宰 ▶

　　堅定的信心，能產生實現目標的力量。自信不是被動的等待，而是主動的出擊。機器必須要運轉才能產生作用。主動的信心一無所懼。有了自信，能鼓舞士氣，度過難關，能戰勝失敗，克服恐懼。

　　生命中的災難常迫使人們在信心與恐懼兩者間作一抉擇。為什麼大多數的人都選擇恐懼？關鍵在於一個人的態度，我們有權利自己決定。

　　自信是你對宇宙力量的一種了解、信任以及融合的表現，光只是具備信心是不夠的，你必須運用它。

　　大多數人所表現的自信要大過我們所意識到的。我們很早便知道相信自己。在你跨出第一步時，你就相信你會走。在你說出第一句話之前，你就相信你會說。因為你先相信，所以你會去完成它。

　　麥克阿瑟將軍在西點軍校入學考試的前一晚緊張至極。他母親對他說：「如果你不緊張，就會考取。你一定要相信自己，否則沒人會相信你。要有自信，要自立。即使你沒通過，但你知道自己已全力以赴了。」放榜後，麥克阿瑟名列第一。

選擇自信的人，會改變自己的態度。在日常生活中，勇敢地決定和行動，培養自己的信心。選擇恐懼的人，是因為沒有培養積極的態度。

找出心中那股神祕的力量，你會發現真實的自我。然後，你可能會做一盤更好的菜餚，寫一本更好的書，或作一次更精彩的演講。成功的坦途通往你的大門，世界會肯定你，而且獎勵你。不論你原來是誰，不管你過去多麼落魄，成功都會屬於你。

有人問，美國橄欖球教練傑米‧約翰遜是怎麼把達拉斯牛仔隊這個爛攤子改造成一支戰無不勝、無堅不摧的超級盃冠軍隊的，約翰遜說：「相信自己能贏，就一定能贏」，他還舉了一個現實生活中的例子。

他說：「幾年前，德克薩斯理工大學一位叫阿爾伯特‧金的研究生做過一個試驗。他召集了一幫勞工，辦了一個電焊培訓班。金告訴教電焊的老師，班上某些人具有電焊天才，是好苗子。其實，金只是隨便點幾個人的名字而已，他自己對這些工人的才能如何也一無所知。但是，老師卻把金的話記在心裡。他真的把那幾個人當作好苗子，經常用肯定和鼓勵的語言促其上進，並明確無疑地對其寄予很高的期望。結果，培訓班結束後，那些最初被金點過名的人真成了班上的佼佼者。」

約翰遜又說：「不論我是把一個球員當作一個勝利者看待，還是將整個球隊看做一支冠軍隊，或者是將教練助理視為甲級隊中最聰明、最勤奮的教練助理，關鍵是我樹立起了球隊的自信，這才是我們贏的真正動力。」

相信自己能贏，就一定能贏！這就是約翰遜僅經過短短的 4 個賽季就把一支失魂落魄的橄欖球隊塑造為全美超級盃冠軍隊的祕訣。

人的本性就是追求目標，實現心願。不論你的願望是什麼，只要你目標明確地想做什麼事，想成為什麼樣的人，你的大腦和神經系統就會源源不斷地提供你所需要的資訊，驅使你自覺地甚至是無意識地向著追求目標、實現願望的方向前進。所以，我們可以相信，堅持心理上的積極自我暗示，就會使自己變得自信主動，有生氣、有活力、有創造性。

■ 3　只有自信才會成功 ▶

　　人的偉大就在於具有主體性和能動性，在於可以樹立自信主動意識，在於能夠自覺地生活，創造性地勞動。這種偉大是任何動物都不具備的，因為只有人才成為萬物之靈，只有人才能夠改造生存環境，創造各種財富和文明。

　　動物吃飽了就不再做什麼了。長頸鹿只要看到獅子的腹部下垂，就不會害怕獅子，因為牠知道獅子已經吃飽了，不會再撲食。於是牠就敢待在獅子旁邊，不用逃跑。然而，人是不會滿足於有吃有穿，僅僅能夠活著，也不會滿足於已經獲取的條件與成就。人的欲望和需要總是不斷提高，不斷更新，而且人還要自我實現 —— 達到自己理想的目標，成為自己期望成為的那種人，這就是人的主體性和能動性。成功心理正是基於人的主體性和能動性而構建起來的人生科學，又是為了充分開發人的主體性和能動性，使更多的人變得更加自信和偉大。如果我們聽信遺傳、教育、環境三種決定論的「決定」，那豈不等於承認「命裡注定」是真理，只能聽天由命了嗎？

　　在相同的環境裡成長、生活、學習、工作，從同一條水平線上起步走上人生的旅程，為什麼有的人能闖出一番事

業，而有的人卻終生平庸無為？即使是從同一個窮鄉僻壤的環境裡長大的青年人也會有不同的命運；即使是同一間名牌大學畢業的學生或研究生也會有不同的前途；即使是同一個家庭的雙生兄弟或孿生姐妹也會有不同的性格和作為……凡此種種不同的人生之路是從哪裡產生區別、開始「分歧」的呢？細說起來因素眾多，但決定性的因素就在於一個人的意識是否覺醒，也就是有無自信主動意識。世界著名指揮家小澤征爾在一次歐洲指揮大賽的決賽中，按照評委會給他的樂譜指揮樂隊演奏的時候，發覺有不和諧的地方。起初他以為可能是樂隊演奏錯了，就停下來重新演奏，但仍然有個地方不和諧。小澤征爾向評委們提出樂譜有問題。但在場的作曲家和評委會權威人士都鄭重說明樂譜沒有問題，而是他的錯覺，請他找出原因，把樂曲演奏好。當時小澤還不是世界級的指揮家，只是一個參賽者。但他稍加考慮，面對一批音樂大師和權威人士大吼一聲：「不，一定是樂譜錯了！」話音剛落，評判臺上立刻報以熱烈的掌聲。

　　原來這是評委們精心設計的圈套，以此來檢驗參賽的指揮家們在發現樂譜有錯誤並遭到權威人士的「否定」的情況下，能否堅持自己的正確判斷。前兩位參賽者雖然也發現了問題，終因趨同權威人士而遭淘汰。小澤征爾卻自信堅定，因而摘取了這次世界音樂指揮家大賽的桂冠。類似的現象在

現實生活中並不鮮見。有些人在做出選擇和決定後，一遇到上級、專家甚至是同事、朋友提出不同意見，就發生動搖，懷疑自己的想法錯誤，遂放棄原來的選擇與追求，甚至明明發現權威的指示與實際不符，也不敢堅持自己的觀點，以致將錯就錯，隨風搖擺。

當然，自信不是主觀武斷，是以真才實學為基礎的。但對許多人來說，最難的不是學習掌握某種專業或職業的學識，而是強化自信主動意識，發揮自己的主體性和能動性，即發揮人的最偉大之處。

讓我們放開眼界來看看國際上的先進與落後的變化有什麼奧祕吧！有人說：「技術和管理是推動經濟發展的兩個輪子」。但這「兩個輪子」又是由什麼力量推動的呢？在現代社會，先進的技術和管理一般並不保密，四處傳播，誰都可以學習和掌握。為什麼有些國家用得好，有些國家不行呢？即使是同樣社會制度的國家，如歐美的資本主義國家之間，為什麼也有很大的差距呢？從近代到今天的發展輪廓來看：18 世紀是英國的奇蹟，稱霸全球；19 世紀是德國的奇蹟，突飛猛進；20 世紀主要是美國的奇蹟，最為富強，還有「二戰」後的日本的經濟騰飛。為什麼有些國家不行？難道這些國家不知道採用先進的技術和管理來推動經濟的發展嗎？而且，即使採用了同樣的技術和管理的方法，如全面品質管

理，為什麼在不同的地方、不同的人手裡，其效果也大不一樣呢？這就如同人們讀同一本書，體會不會一樣；聽同一個講座，收穫也會不同；進行同樣的變革，效果也會有明顯差別。這就是因為人的心態、意識，尤其是欲望與動機有所不同。正是意識的不同決定了能否發揮人的能動性和創造性。

「工欲善其事，必先利其器」。方法和工具自然是重要的，正如同專業知識和職業技能對每個人來說都是重要的一樣。但這些東西是供人掌握和使用的。它能否發揮作用，發揮到什麼程度，卻是由人的意識決定的。一把削鐵如泥的寶劍，在文弱書生手裡，未必能發揮作用。上好的宣紙狼毫對不愛好書法的人來說，又有多少用途呢？等於是廢物。家長買了高階的鋼琴未必能培養孩子成為鋼琴家。學了許多經營管理知識的廠長或經理不一定會成為優秀的企業家……推動技術和管理這兩個輪子向前發展的驅動力是什麼呢？有關學者將不同時期、不同國家的歷史文獻和文學作品表現的人們發奮圖強、求取成就的意識與同時期、同國家的經濟增長率相對照，結果發現，經濟增長的多少快慢總是以人們的成就動機的強弱為先兆，並與之成正比的。

經濟發達國家創造奇蹟的時期，都是他們的成就動機和創業精神最旺盛的時期。相反，任何國家缺乏拚搏進取的精神就會發展緩慢，甚至停滯不前，處於落後的狀態。

■ 4 自信造就人生的奇蹟 ▶

據說拿破崙親率軍隊作戰時，同樣一支軍隊的戰鬥力，便會增強一倍。原來，軍隊的戰鬥力在很大程度上基於兵士們對於統帥的敬仰和信心。如果統帥抱著懷疑、猶豫的態度，全軍便要混亂。拿破崙的自信與堅強，使他統率的每個士兵增加了戰鬥力。

一個人的成就，決不會超出他自信所能達到的高度。如果拿破崙在率領軍隊越過阿爾卑斯山的時候，只是坐著說：「這件事太困難了。」無疑的，拿破崙的軍隊永遠不會越過那座高山。所以，無論做什麼事，堅定不移的自信力，都是達到成功所必需的和最重要的因素。

有一次，一個士兵騎馬送信給拿破崙，由於馬跑得速度太快，在到達目的地之前猛跌了一跤，那馬就此一命嗚呼。拿破崙接到了信後，立刻寫封回信，交給那個士兵，吩咐士兵騎自己的馬，快速把回信送去。

那個士兵看到那匹強壯的駿馬，身上裝飾得無比華麗，便對拿破崙說：「不，將軍，我這一個平庸的士兵，實在不配騎這匹華美強壯的駿馬。」

拿破崙回答道：「世上沒有一樣東西，是法蘭西士兵所不配享有的。」

世界上到處都有像這個法國士兵一樣的人！他們以為自己的地位太低微，別人所有的種種幸福，是不屬於他們的，以為他們是不配享有的，以為他們是不能與那些偉大人物相提並論的。這種自卑自賤的觀念，往往成為不求上進、自甘墮落的主要原因。

如果我們去分析研究那些成就偉大事業的卓越人物的人格特質，那麼就可以看出一個特點：這些卓越人物在開始做事之前，總是具有充分信任自己能力的堅強自信心，深信所從事之事業必能成功。這樣，在做事時他們就能付出全部的精力，破除一切艱難險阻，直到勝利。

有許多人這樣想：世界上最好的東西，不是他們這一輩子所應享有的。他們認為，生活上的一切快樂，都是留給一些命運的寵兒來享受的。有了這種卑賤的心理後，當然就不會有出人頭地的觀念。許多青年男女，本來可以做大事、立大業，但實際上竟做著小事，過著平庸的生活，原因就在於他們自暴自棄，他們不懷有遠大的希望，不具有堅定的自信。

與金錢、勢力、出身、親友相比，自信是更有力量的東西，是人們從事任何事業最可靠的資本。自信能排除各種障

礙，克服種種困難，能使事業獲得完滿的成功。

　　有的人最初對自己有一個合宜的願景，自信能夠處處勝利，但是一經挫折，他們卻半途而廢，這是因為自信心不堅定的緣故。所以，光有自信心還不夠，更須使自信心變得堅定，那麼即使遇著挫折，也能不屈不撓，向前進取，決不會因為一遇困難就退縮。

　　如果在表情和言行上時時顯露著卑微，每件事情上都不信任自己、不尊重自己，那麼這種人自然得不到別人的尊重。

　　造物主給予我們巨大的力量，鼓勵我們去從事偉大的事業。而這種力量潛伏在我們的腦海裡，使每個人都具有宏韜偉略，能夠精神不滅、萬古流芳。如果不盡到對自己人生的職責，在最有力量、最可能成功的時候不把自己的本領盡量施展出來，那麼對於世界也是一種損失。世界上的新事業層出不窮，正待我們去創造。

■ 5　上帝不會讓自信敗給弱點 ▶

　　缺乏一種自信的精神，這往往導致一些本來是萌芽了的天才走向自我扼殺。

　　你可以將最弱的部分轉為最強。這一事實對你、我及任何人都非常重要。請你大聲地重複這句話，並允許它深深地印在腦海中。這絕對是真實，你可以將最弱的地方轉為最強。

　　馬騰設計了一套公式。他是最富積極思想的。他本人就是將弱點轉為優點最好的例子。他曾是一個消極的人，多年前的一個晚上，他散步到長島的一處草地上，準備在那裡自殺。生命對他而言已無任何意義，生活中已無任何希望。他隨身帶了一瓶毒藥，一口喝盡，躺在那裡等死。

　　隔天他睜開眼睛，看到的是月光明亮的夜空，他感到相當訝異。起初他懷疑自己是否已經死了，他想不通為什麼會沒有死。他始終認為，這是上帝的意思。上帝希望他留下來，另有任務給他。當他知道仍然活著，突然間又重新燃起生機。他感謝上帝的協助，一定要活下去，並且下定決心，要以幫助他人為職責。

他設計的這套公式是：

1. 將弱點孤立出來，學習並將它研究透澈。設計一個計畫去對抗它。
2. 將你希望獲得的結果，詳細列舉出來。
3. 將你自己最弱的地方變成最強，並在心中描繪出這種景象。
4. 立即在各方面，將自己想成最強的人，並朝此目標去進行。
5. 在你的最弱之處，採取強而有力的步驟。
6. 請求上帝幫助你，並且相信祂一定會做到。

現在，我們來看看幾個轉弱為強的例子。哈代夫人在加州棕櫚泉經營一家旅館，這家小旅館規模不大卻很精緻，環境四周是金黃色的九重葛、蘭圃、棕櫚與橘林。陽光經年照耀，空氣清新。夜晚時分，銀色月光灑落一地，美景如畫，如同仙境一般。

這家旅館的存在完全是靠信仰及積極思想而得來的。哈代夫人在經營成功之前，曾經歷無數困難。她知道她需要精神支援，所以就到處尋求指引。她寫給朋友一封信，她在信上說：

在 1942 年時，當丈夫去世後，我決定採取一些計畫來生活，替自己找些事做。我翻遍我能找到的形而上學的書，某

些似乎能為我找到答案。後來在 40 年代，有人送給我馬爾堡教堂所出版的一些書籍，這些書中所討論的，我覺得非常有意義。我也願意採納其中的建議。我相信那些理論，也認為它確實有效。

「在所有提到經營旅館的書籍中，凡是照美國制度開旅館，如果少於 50 個房間便無法生存。因為入不敷出，無法平衡。而且因為旅館人少無法經營大餐廳。但是，26 年來，我獨自經營一家小旅館，生意很好。我知道根本不用焦慮、緊張，自然能過得愉快。」我們許多人常找出性格上的小缺點，自認為這就是我們的缺點。然後又花費力氣，使自己相信，「因為這個弱點，所以不能成功。」要解決這個問題，就必須先了解，上帝希望人們成功、快樂和堅強。所以你必須決定，你要強調哪一方面。這個決定權在於你。一旦你選擇強調長處與優點，自卑感便會消失，一種強而有力的能力便會取代你的缺陷及弱點。

■ 6　龍遊深水，目標遠大　▶

　　堅決的自信，是偉大成功的泉源。不論才能多麼大，天資多麼好，成功決定於堅定的自信力。相信能做到的事，一定能夠成功，反之，自己先失掉勇氣，那就決不會成功。

　　每一個人應該始終保持自己的勇氣。無論困難怎樣大、挫折怎樣嚴重，也不要使自己的意志消沉下去。永無定見，瞻前顧後做事的習慣，無異是自己前途的攔路虎。這些人就好像浮在水面的死魚，隨著水流東漂西蕩。而一條鮮活的魚能夠在水裡逆流而上。

　　阿忠從事寫作多年，自認文筆已經達到相當高妙的境界，但是每次參加地方上的寫作比賽，總是無法獲獎。

　　「既然在這個小城市裡無法出頭，你最好參加全國性的比賽，說不定就會獲得青睞了。」阿忠的大學教授對他說。

　　「我在小地方尚且無法獲獎，參加全國比賽怎麼可能獲獎呢？」阿忠不解地問。

　　「你聽我的話，去試試就知道了。」

　　阿忠果然在全國性的文藝比賽中獲獎，他興奮地去感謝

恩師，「但是說實話，我至今仍不明白為什麼在全國性比賽反而能出頭？」

「因為在全國性的比賽中，評委來自不同的省分，他們絕大多數不認識你，而只是看你的作品。」教授說，「至於在本城的比賽，那些評委都認識你，而且對你的言行舉止又看法不一，加上他們自己又會有自己的朋友、學生參加，所以對待你的作品，自然也很難公允。」

教授叮囑他說：「不要以為在小地方出不了頭，在大城市也會一籌莫展，有真本事的人，往往在大場面，更有發揮的餘地。」

如果你建立了一定的事業發展基礎，而且你自信自己的力量完全能夠愉快地勝任，那麼就應該立即下定決心，不要再猶豫動搖。即使你遭遇困難與阻力，也無論如何不要考慮後退。

在事業成功的過程中，荊棘有時比那玫瑰花的刺還要多。它們會成為你事業進展的攔路虎，正是這隻攔路虎在測試你意志究竟是否堅定、力量是否雄厚，但只要你不氣餒、不灰心，任何攔路虎總是有辦法驅除的。只要緊緊盯住已經確定的目標，堅定地相信自己的能力和事業上成功的可能，這樣就能使你在精神上先達到成功的境界。隨後，你在實際的事業過程中的成功也一定是確信無疑的。

　　你要力排眾議，打消一切古怪的空念頭；遇事馬上決策、立即行動；任何時候做任何事情都要胸有成竹，決不氣餒。你的決心必須堅如大山，你的意志必須強如鋼鐵，不可隨便動搖，無論你受到怎樣的打擊與引誘 —— 這是戰勝一切的訣竅。

■ 7　推銷員的兩張卡片 ▶

米龍說：「我對自己信心百倍，對手能奪走我的勝利，卻奪不走我的光榮。」下面是他講的一段故事：在一個嚴寒得幾乎要使人凍僵的早上，一位好友突然來到中西部某城鎮的飯店找我。由於我將在離該地約莫 35 公里處作一場演講，因此就請他陪同一道前往。我坐上他的車子，在易滑的路上朝著目的地駛去，他駕車的速度比我快些。於是我向他提議：「時間還相當充裕，你可以慢慢開，不用趕時間。」

「你不必擔心我的駕駛技術。」他如此回答著，並繼續說道，「在以前，我的心裡經常充滿著各種不安感，但現在已經完全克服了。過去，我什麼事都怕 —— 害怕開車上路、害怕搭飛機，總之，每當自己外出時，總會覺得似乎將要發生什麼不測，心中極為不安。甚至當家人外出未歸之前，我也會處於恐懼之中。受到這種感覺的嚴密包圍，而使得生活黯然悲慘。事實上，我存有相當嚴重的自卑感，並缺乏自信，這種心態也反映在我的工作上，於是工作總是進行得不順利。不過，現在我已經想出將這種不安感從我心中徹底驅逐的妙方了。現在的我，不論面臨任何事，都能自主地掌握與安

排。」至於「妙計」是什麼呢？他用手指著固定在儀錶板上的兩處夾子，然後把手伸入胸前的口袋，拿出一疊小卡片。他很快地從其中選出一張，再把它用夾子夾妥。那張卡片上這樣寫著：「只要心中充滿自信，沒有一件不能做的事。」接著他把那張卡片抽開，用一隻手平衡地操控著方向盤，另一隻手則以熟練的技巧將卡片放進卡片疊裡，再抽出另一張卡片，並同樣地用夾子夾好。這張卡片上則如此寫著：「有了上天的幫助，誰能抵擋我們呢？」

「我經常到各地巡迴推銷。」他接著對我說，「我整天拜訪客戶，並且常開著車到各地方。而人在開車時往往會不自覺地想著各種事情，想法一旦消極的話，當天的行動與表現自然也會顯得消極。在從前，我也開著車子到各處拜訪客戶，但實際上我的腦中卻充滿著不安和失敗感。這種情形正是導致我的銷售業績每況愈下的原因。但是，現今我的情況已經大為改觀了。自從我開始在開車時使用這些卡片，並設法把上面的字句記誦下來之後，我腦中的想法便奇妙地發生了轉變。那些過去經常纏困我的不安、挫敗的感覺已經消失無蹤，取而代之的是信仰與勇氣。這個方法改變了我。」他並強調，「過去，我可以說是不情願去從事客戶的拜訪與推銷工作，因此想要有所收穫根本就是不可能的事。」

8　被錄取的叛逆學生　▶

在一個人的事業上，自信心可以創造奇蹟。自信使一個人的才幹取之不盡、用之不竭。一個缺乏自信的人，無論本領多大，總不能抓住任何一個良機。每遇重要關頭，總是無法把所有的才能都發揮出來，所以，那些絕對可以成功的事在他手裡也往往弄得慘不忍睹。

埃米爾‧賴希認為：一項事業的成功固然需要才幹，但是自信心亦不可少。如果你沒有這種自信心，是由於你不相信自己能具有自信心的緣故。要獲得成功，你無論如何都要從心靈上、從言行上、從態度上拿出「自信心」三個字來。這樣，在無形中人家就會開始信任你，而你自己也會逐漸覺得自己的確是一個值得信賴的人。

事業起初如一棵嫩芽，要它成長、要它茁壯，一定要有陽光去照射它。

立即鼓起勇氣、振作精神，努力去排除一切妨礙成功的可惡因素，學習如何去改變環境，如何去掃除外界的阻遏勢力。任何事情，你都應往成功方面想，而不可以整天唉聲嘆氣地去思慮失敗後處境將是怎樣的悲慘。一位女孩考上了牛

津大學博士，但是她卻在參加面試時和教授激烈地辯論起來。教授很生氣，整個走廊都能聽到他們的爭吵。

「就憑妳那個實驗方案，我馬上就可以指出不下 10 個錯誤。」

「這只能表明這個方案不成熟，要是你接受我成為你的學生，我自己可以把這個方案改得完美。」

「妳想要我指導一個反對我的理論的研究生嗎？」

「我是這樣想的。」女孩說，「我知道牛津大學不會錄取我了。」

但是，沒想到，祕書在宣布錄取名單時唸出了她的名字。

阿加爾教授站了起來，當著眾人的面對她說：「妳看，我的孩子，妳罵了我兩個小時，但我還是決定要妳。因為，我要妳盡情地在我的支援下反對我的理論，如果事實證明妳是錯的，我將十分高興。如果妳是對的，我將更加高興。我希望我死時，妳能成為比我更好的心理學家。」

女孩深受感動，她終於可以如願以償，成為牛津大學的學生了。一切勝利只是屬於各方面都有把握的人。那些即使有機會也不敢把握、不能自信成功的人，只能落得一個失敗的結局。唯有那些有十足的信心、能堅持自己的意見、有奮鬥勇氣的人，才能保持在事業上的雄心，才能自信必定成功。

　　自信，並不意味著沒有風險，不會失敗，恰恰相反，自信是一種不怕冒險，不怕失敗的積極心態。

　　除了自己，自我價值沒有人能夠評定。

▌9　學會多舉手多開口　▶

　　世界上有無數的失敗者，都是因為他們沒有堅強的自信心，因為他們所接觸的都是心神不定、猶豫怯懦之輩，因為他們自己三心二意，對事情缺乏果斷的決策能力。但其實，他們體內明明包含了成功的因素，卻硬是被驅逐出了自己的身體。

　　「無論你陷於何種窮困的境地，一定要保持你那可貴的自信力！你那高昂的頭無論如何不能被窮困壓下去，你那堅決的心無論如何不能在惡劣的環境下屈服。你要成為環境的主人，而不是環境的奴隸。你無時無刻不在改善你的境遇，無時無刻不在向著目標邁步前進。」所以，你應該堅定地說：你自己的力量足以實現那項事業，絕對沒有人能夠搶奪你的內在力量。你要從個性上做起，改掉那些猶豫、懦弱和多變的個性，養成堅強有力的個性，把曾被你趕走的自信心和一切由此喪失的力量重新挽救回來。

　　積極的力量削減一分，消極的力量便增強一分，反之亦然。把手舉過頭頂，讓其他的人看到你想說話的慾望，看似一件很簡單的事，但卻是開啟心靈之門最好的鑰匙。有位心

理學家，在他的小女兒第一天上學之前，教給她一個訣竅，足令她在學習生活中無往不利。

他把女兒送到學校門口，在女兒進校之前，告訴她，在學校要多舉手，尤其是想上廁所的時候，更是十分重要。小女孩真的按照父親的叮嚀，不只在上廁所時記得舉手，老師發問時，她也總是第一位舉手的學生。

日子一天天過去，老師對這個不斷舉手的小女孩，自然而然印象極為深刻。不論她舉手發問，或是回答問題，總是讓她優先發言。而因為累積了許多這種不為人所注意的舉手發言權，竟然令小女孩在學習的進度上，以及自我肯定的表現上，甚至於其他許多方面的成長，大大超過其他的同學。多多舉手，正是心理學家教給女兒在生活中最有利的武器。

試看世界上一切事業的失敗，大多數並不是由於經濟上的損失，而是因為缺乏自信。

人生最大的損失，除了喪失人格之外，就要算失掉自信心了。當一個人沒有自信心時，任何事情都不會做成功，正如沒有脊椎骨的人是永遠站不起來的。

換句話說，處於信心庇護下的人能從束縛和妨礙無信心者的許多擔憂和焦慮中跳脫出來。他有行動的自由，他的能力也可以自由發揮，而這兩種自由對取得巨大的成就是必不可少的。對於成就大業來說，自由是必不可少的。一個人的

思想受到擔憂、焦慮、恐懼或無把握感的束縛和妨礙時，他的大腦就不能有效地指揮自己去完成工作。同樣，當他的身體受到束縛時，他的身體機能也不可能最有效率地開展工作。對絕佳的腦力工作而言，思想的自由是絕對不可少的。不確定感和懷疑心態是集中心志的兩大敵人，而集中心志是一切成就的祕密之所在。

10　值得回憶的自信典範 ▶

對那些有信心而不介意暫時失敗的人沒有所謂失敗。

對那些懷著百折不撓的堅定意志的人沒有所謂失敗。

《聖經》不斷地告訴我們，正是由於信心，亞伯拉罕、摩西以及所有其他偉大人物才能創造奇蹟，才能做出驚天動地的創舉。在《聖經》中，沒有任何其他東西能像信心這樣被再三強調。貫穿整個《聖經》的便是強調信心的極端重要性。在《聖經》中，「你的成功取決於你的信心」這一觀念一再得到重申。

導致那些偉大發現的往往是高貴的信心而非任何懷疑畏難情緒。是信心，是高貴的信心一直在造就偉大的發明家和工程師，以及各行各業辛勤努力而又成就斐然的人們。

那些對將來絲毫不存恐懼之心的年輕人往往都是深信自己能力的人。自信不僅僅只是困難的剋星，自信還是貧苦人的朋友，也是貧苦人最好的資本。無資財但有巨大自信心的人往往能鬼斧神工般地創造奇蹟，而光有資財卻無信心的人則常常招致失敗。

如果你相信自己，那麼，與你貶損自己、缺乏信心相

比，你更可能取得巨大的成就。

如果我們能衡量一個人的信心大小，那麼，我們便能據此很好地估計他的前途。信心不足的人不可能成就大事。如果一個人的信心極弱，那他的努力程度也就微乎其微。

在近代史上有兩位典型的社會推動者：甘地和馬丁‧路德‧金恩。甘地改變了世界的規則，以非暴力不合作運動反抗英國，甘地還使用了其他方式——書面倡議、組織虔誠的群眾，利用國際輿論來對付英國，最終贏得了印度的獨立。

下面是一個美國白人說的關於馬丁‧路德‧金恩的故事：「60 年代早期，我住在美國東北部，我把自己視為一個典型的中產階級白人。我不能理解關於人權的種種爭論，而那種不願得罪任何人的用計也深深地激怒了我。就在這個時候，我認識了馬丁‧路德‧金恩和他的黑人群眾。

在一次集會中，金博士與布林‧康納斯，一位阿拉巴馬州伯明罕的治安官相遇了。儘管康納斯命令他的狗去攻擊金和他的黑人群眾，但是他們仍然堅定地站著，沒有抵抗。當康納斯和手下的警察使用警棍和催淚瓦斯時，金依然不反抗。當鎮壓者以死相威脅時，金說：『我們將用殘存的最後一口氣愛你們。』

「當我在電視裡看到馬丁‧路德‧金恩對他的追隨者們說：『不要抵抗』、『不要還擊』、『不要舉起你的手』時，

我知道他一定會贏得人們的尊敬的，事實上他的確贏得了尊敬。」我們今天正享受著那些有著堅貞不渝信念的人饋贈給我們的眾多恩惠、舒適和便利。而這些有著堅貞不渝信念的人卻在貧乏和悲傷的生活中苦鬥了多年，甚至於那些最親近的人也不同情或相信他們。

信心是天才的最佳替代物。事實上，信心與天才是近親，信心與天才常攜手。

信心是每一項成就的偉大領航者。信心為我們指明了通向成功、走向輝煌的道路。信心是知曉一切的能力或本能，因為它看到了人們身上的發展前途。在敦促我們成就大業方面，信心絕不會有絲毫猶豫，因為信心看到了我們身上那種能成就大業的潛能。

三、信心在自我激勵和暗示中成長

1 激勵的神奇效果 ▶

　　自我激勵在人生成功中具有舉足輕重的地位。你應該在心裡反覆對自己說：「這個世界是屬於我的！」

　　因為我們當中有許多人缺乏「自知之明」，他們不大知道自己具有巨大的潛能，當然也就不知道怎樣開發自己的能動性和創造力的巨大寶藏。而自我激勵正是潛能發揮的啟用器。

　　本來，人們對於自己的未來都曾有過美好的憧憬，但是，隨著年齡的增長和閱歷的複雜，他們常常用那些傳統的世俗道理來說服自己安分守己，放棄夢想，並說明自己就這樣也能過得去。在這些說服自己放棄夢想的「道理」中，有一條似乎很有說服力，自己已太普通，太渺小，這個世界不屬於自己！那麼屬於誰呢？在他們看來，這個世界屬於名人、強人、富人；屬於有權力、有地位、有背景的人；屬於幸運的人、漂亮的人、特殊的人。對於女人來說，屬於男人；對於中老年人來說，屬於年輕人；對於年輕人來說，屬於有資歷、有經驗的人；對於出自貧寒、學歷不高的人來說，屬於出身尊貴、學歷很高的人……總之，這個世界屬於名人和別人，而不屬於自己這樣平凡的人。而他們這些平凡

的人還沒有開始行動，心中的希望、原有的夢想便慘遭沉重打擊，默默地消失了。於是，他們經常感到自卑、渺小、孤單、苦惱，他們只有低眉順眼，沉默寡言，躲避出頭露面，暗自唉聲嘆氣……難道普通人就沒有出路嗎？就只能安於現狀嗎？就不能出人頭地嗎？難道這個世界果真屬於那些名人、強者和富人，而不屬於普通人嗎？不！事情不是這樣的！他們的這些卑微之感，並非真實自然，而僅僅在於他們還沒有覺醒，還缺乏「自知之明」。因為覺醒的內涵，自知的精髓就在於他們可以主宰自己的命運，在於發現自己本身具備成功的特質，這個世界本來也屬於他們。他們只要抹去身上的灰塵，巨大潛能就會像原子反應堆裡的原子那樣充分發揮出來，一定會有所作為，創造奇蹟！

那麼，能夠幫助你改變的公式是什麼呢？要記住、理解、時常重複著說：人的心理所能設想和相信的東西，人就能用積極的心態去取得它。這是自我暗示的一種形式，是取得成功的一句自我激勵語。威廉‧丹佛斯（William Danforth）是美國密蘇里州東南地區某農場的一個有病的孩子。他在小學裡遇到一位優秀的老師，這位老師鼓勵小威廉‧丹佛斯去改變他的世界。老師用挑戰的方式鼓勵他：「我鼓勵你！」、「我鼓勵你成為學校中最健康的孩子！」「我鼓勵你」成了威廉‧丹佛斯一生自我激勵的語句。

他果真成了學校中最健康的孩子。他在 85 歲逝世之前，幫助了數以千計的青年獲得良好的健康，他還幫助他們立志高尚，做事剛勇，服務謙遜。在他漫長的事業中，他決未因病而損失一天。

「我鼓勵你！」激勵著他建立了美國最大的公司之一：若爾斯通‧陪里拉公司；「我鼓勵你！」激勵他從事創造性的思考，把負債轉化為資產；「我鼓勵你！」激勵著他組織美國青年基金會 —— 它的目的是訓練男女青年獨立生活的能力。

「我鼓勵你！」激勵著威廉‧丹佛斯寫了一本書，名叫《我鼓勵你！》今天這本書正在激勵著人們勇敢地把這個世界改造為更好的住所。威廉‧丹佛斯做了多麼好的一個證明啊！一句自我激勵的話語有力量幫助人們發揮積極的心態！

紐約股業貿易銀行的總經理弗雷藉著憤怒的激勵，而建立了一家大規模的銀行。之前他想在長島設立一個昆士郡銀行，原本自以為進行得很順利，但是有一次一家大銀行的經理來見他時，講了一句輕蔑的話，於是他的態度有了很大的轉變。

這個經理很自大，臨走的時候，隨意對弗雷說了一句這樣的話：「如果你活得長久，或許可以在這裡辦一家銀行出來。」

「這句話真氣得我不知如何是好。」弗雷說道:「如果你活得久,意思好像是我呆坐著等時間過去,等待著事業從天而降似的。這種譏笑,使我聽聞之後不得不奮發圖強。我那時候決意要打倒他,最後,我真的就辦到了。過了 4 年後,我銀行的存款,有他的兩倍多!」

你自己曾經責備世界應對你的失敗負責嗎?如果是這樣,你就該暫停這種想法,再思考一下。你要想想你的問題該由世界負責呢,還是該由你自己負責?要勇於記住那句自我激勵語。要勇於應用它,並充分確信它對你正像對數以千計的其他人一樣是有效的。

■ 2　自我暗示是看不見的法寶　▶

　　羅傑・費雪（Roger D. Fisher）有一句名言：一切的成就，一切的財富，都始於一個意念。

　　什麼是意念？它就是人的意識裡產生的念頭或想法，也就是心理上的自我暗示。

　　自我暗示這個名詞，適用於經由人的五官進入個人意識中的所有暗示與所有自治式的刺激。也就是一個人用語言或其他方式對自己的知覺、思維、想像、情感、意志等方面的心理狀態產生某種暗示。如有一兩個人說某人臉色不好，像是有病。若他不在意，那就沒事。假設有七八個人都說他有病，他必然心裡嘀咕，很快就會病倒。很多慢性病都是由這樣或那樣的不良心理暗示造成的。關於心理暗示的巨大作用，心理治療醫生在其書中講到的事例也有清楚地說明。他說：某中學一位年輕老師找我看病，主訴是一個多月來中午失眠，要求開一些助眠的藥物。

　　這可把我難倒了。凡是安眠藥一般都有四五個小時以上的藥效，若中午服用，下午怎麼能按時起床照常工作？但不管我怎麼解釋都無濟於事，他還是一個勁地請我開藥。我只

好一本正經地對他說：「好吧，我開藥給你，但你要準時服藥。服藥後十多分鐘，你就開始出現昏昏欲睡的感覺。這時你上床躺好，就入睡了，兩個小時後就可以醒過來。」我開給他一週的藥。

一週後他又來找我，要我繼續開這種藥，他還高度評價說：「我服藥後睡得很好。」這可把我逗樂了。因為我開的是維生素 B1，根本沒有催眠作用。我老老實實告訴他實情，但他就是不相信，還認為我是捨不得將這種「好藥」開給他。我只好再開了一週的「安眠藥」……維生素 B1 根本沒有安眠作用，為什麼會發生顯著的「療效」？是透過語言的提示，肯定所謂的療效，誘導和促使病人主觀的感覺和意念好轉，進行積極的心理暗示，從而引起生理上也產生積極的變化。反之，如果由於某種原因，讓病人產生不良的心理暗示，那就糟了。

某醫院由於一時疏忽，把患有肺結核與患有肺癌的兩個病人的病例弄錯了。結果，肺癌患者的病情明顯好轉，而結核病人卻病情惡化，不久死去。

哀莫大於心死。心理醫生曾舉出這樣一個病例：一位年輕的患者患風溼性心臟病二尖瓣狹窄，經住院治療後病情已經好轉，為了根治，經會診，準備施行二尖瓣擴張手術。由於這是第一例，為慎重起見，術前進行了動物實驗。不知出

於什麼考慮，讓病人也自始至終觀看了實驗手術的全過程。很遺憾，手術在動物身上失敗了。

患者看過實驗手術後，默默無語，回到病房，坐立不安，徹夜不眠，因為明天他自己就要被推上手術檯了，動物實驗的失敗，使他感到恐懼。雖然醫生、護士看出他心情忐忑不安，但沒有重視，也沒給他一定的心理治療及藥物治療，甚至連一點鎮靜安眠藥也沒給他服用。第二天早上，正當手術室做準備時，他突然心跳驟停，瞳孔放大……他死在手術前。這位患者本來有著強烈的生存欲望，但在動物實驗手術中，他看到可怕的前景，形成了他可怕的心理暗示。正是這種心理暗示摧毀了他的生存欲望，於是，發生了猝死。由此可見，心理暗示的作用確實是巨大而靈驗的。

堅持積極的自我暗示，把一個人的夢想、渴望、價值觀念、奮鬥目標深深地刻在潛意識中，並自動地採取行動，付出代價，向著自己期望的目標一步步邁進，就能走向成功。拿破崙就藉助於這個方法，使自己從一個來自貧窮的科西嘉島上的出身低微的人，成為主宰法國，稱霸歐洲的不可一世的人物。愛迪生也是藉助於這同樣的方法，使自己從一個被開除的小學生、賣報生，變成世界最偉大的發明家。林肯也是藉助於這同樣的方法，跨越了一道道挫折與失敗的鴻溝大壑，使自己從肯塔基山區的一棟小木屋走向社會，最後成為

最優秀的美國總統。羅斯福和丘吉爾更是藉助於這同樣的方法，使自己成為國家最有成就的首腦之一。更值得我們深思的是，戴爾‧卡內基本是一個出身貧苦家庭，自卑的農民子弟，但他改變了自我意識，竟然使自己從一個缺乏自信、不善言談的「卑賤者」，成為一個以畢生精力培養人們的自信心和口才與實際能力的貢獻卓著的成人教育家。

其實，在現實生活中，就在我們的身邊和眼前，那些依靠自己的辛苦勞動而發財致富，有所創造或在某一領域領先開拓、表現傑出的成功者，有哪一個不是依靠心態和自我意識的改變，從而把夢想變成了現實的呢？

自我暗示果真是具有魔力的法寶嗎？有些人表示懷疑。比如，我的口袋裡只有一塊錢，我整天在心裡唸叨：我一定要多賺錢，我要發大財……我就會發財嗎？再比如，我是一個智商不高、缺少專長的人，我經常自我暗示：我一定要做成什麼事情，我一定要取得成就……我就能有所作為嗎？事情當然不會這麼簡單、容易，「心想」畢竟不等於「事成」，但一切「事成」都是由「心想」所啟動的。你想發財致富或有所成就，當然不等於你已經發財致富或有所成就，但你經常這樣的心理自我暗示，就會形成一種一定要發財致富或有所成就的自我意識。這種意識又導致你積極行動，刻苦奮鬥，勇於冒險，開拓新路。

自我暗示的魔力是在 20 世紀初由一位名叫古爾的藥劑師發現的。有一天，一個顧客來到古爾的藥房要買一種必須有醫生的處方才能出售的藥。這個客人頑固之極，他沒有醫生的處方，卻非要買這種藥不可。古爾拗不過他，但又不能違法出售那種藥。為了應付這位不可理喻的顧客，他靈機一動，拿了幾粒沒有藥性的糖衣片給這個客人，並把這種「藥」的效力鼓吹了一番。

數天後，這個客人又來找古爾。古爾暗自吃驚，生怕闖了大禍。沒想到，客人是來對他道謝的。他感謝古爾的「藥」治好了他的頑疾，還稱讚古爾不愧為藥劑師，推薦的這種藥物十分有效。

這可把古爾弄糊塗了：按說，糖衣片無法治癒這個人的疾病，但事實上，他又因為吃了這種「藥」而痊癒。到底是什麼治好了此人的病呢？唯一合理的解釋是心理因素發揮了作用。客人本來就相信這種藥的治癒能力，再加上古爾的一番鼓吹，糖衣片便產生了靈丹妙藥的作用。這就是心理暗示的魔力。由此，古爾對心理治療產生了極大的興趣，他開始鑽研心理學，又向專家求教，經過幾年創立了一個以自我暗示為主的心理治療學派。

古爾的學說流傳很廣，影響很大。在心理學方面，自我暗示一直都占有重要地位。《富豪的心理》一書中說：「很

多人因為古爾的療法過於簡單而懷疑它的可行性 —— 千萬不要這樣……我研究過的富人雖然未必明顯地採納這方式，但實際上每當他們面對困難或新局面的時候，就會不自覺地運用類似的自我暗示去幫助自己闖過難關、攀上高峰。」

自我暗示其實就是運用語言去改變自己，當你喜歡的人對你說：「你真能幹」，「你真有用」，這幾個字就會有巨大的推動力；當你喜歡的人對你說「你不行」，「你真沒用」，這幾個字就會有巨大的挫折力。

你可能仍然有疑問：別人說我「能幹」、「有用」，我當然感到高興，有一種推動力；自我暗示是自己說自己「能幹」、「有用」，可是我知道自己不行，這不等於是說空話、說大話嗎？會有什麼魔力呢？

這樣想是不對的。自我暗示，不論是自我貶低，還是自我激勵，都會有一種魔力，並不是毫無作用的空話。人總有某種惰性，很容易被多次重複的說法牽著鼻子走。凡是經常重複的自我描述，不論是心裡想的，還是嘴上說的，次數多了，時間長了，就會形成一種自我感覺、自我意象、自我期望，也就是自我意識，就會具有一種改變自己的魔力。

有這麼一句流傳已久的話：「把一個人當作什麼，他就會是什麼。」同樣，你把自己當作什麼，你就會成為什麼。這句話似乎純粹是唯心論的夢囈。其實，這不是胡吹瞎說，

而是實實在在的事物發展規律。從心理學的角度來看，這就是所謂的「皮格馬利翁效應」，或者叫「預言的自我實現效應」。

科學研究表明，人的大腦與神經系統具有類似電子計算機一般驚人的能力。它不僅能儲存大量的資訊，而且幾乎可以原封不動地再現這些資訊。消極的訊息刺激會使掌管思想衝動，和掌管感情色彩的大腦皮層下的神經中樞不再促使智慧和熱情迸發、交流，反倒把智慧和熱情禁錮起來，使人感到抑鬱、緊張和焦躁不安。而一個人接受積極的資訊刺激，包括回憶和想像美好的事物和美好的形象，才會使自己的思想感情活躍、開放，具有應變力和創造力。

荷蘭哲學家史賓諾沙說：「人的自卑心理來源於心理上的一種消極的自我暗示。」如當眾演講，你總覺得自己不行，害怕出醜叫人笑話，擔心損害了自我形象，這就是心理上的消極自我暗示。這種消極的自我暗示，只會引起並加重膽怯和緊張的心理反應，使自己捲入一種螺旋般的加速的懼怕反應之中。如果你認為自己做得到，勇於並樂於當眾自我表現，那你就會振奮精神，集中起注意力，去應付不尋常的挑戰，經由這樣積極的自我暗示，你改變了自我意識，也就改變了自己。

富蘭克林・羅斯福總統的夫人愛蓮娜是美國有史以來最

受歡迎的第一夫人。在羅斯福 1921 年因病致殘後，她對政治活動即趨積極，丈夫的耳目未能顧及的方面，多虧了這位夫人照顧。對當時的美國人來說，沒有人不知道愛蓮娜的名字。她所做的努力增加了羅斯福的聲望。增添了總統的開明和進步的色彩。

身為總統夫人如此傑出，似乎也不足為奇。但愛蓮娜在少女時代是一個自卑、膽怯的「醜小鴨」。就拿交際風度來說吧，她由於對自己的長相不滿意而深感苦惱，與人交際過於拘謹。為了克服這種自卑感和羞怯感，她在閱讀大量的文學名著、名人傳記的過程中，精心揣摩書中那些貴婦名媛們的神情姿態、舉止氣派。每當參加舞會或社交的場合，每當走進一個有陌生人聚集的場所，她都想像自己是一個光彩照人的女王，正朝著她的臣民走去……這種積極的自我暗示，使她從自身的深淵中解脫出來，以自己優雅的風度和機敏的智慧，在社交場合上獨具魅力，贏得了當時一位最受女孩子青睞的英俊青年富蘭克林‧羅斯福的愛情，並為她後來塑造最美好的第一夫人的形象打下基礎。

一個人自我暗示形象美好就會變得美好嗎？一個人時常想像自己能成功就果真能走向成功嗎？事實的確如此。改變了自我意識，夢想就會成真，這是成功心理學所揭示的一個極重要的奧祕。這是什麼道理呢？

　　有關專家經過多年的探索發現，人的大腦和神經系統對於「真正的成功」與「想像的成功」沒有分辨力。假如你能透過自我暗示，即能在想像中對你所做的事情所希望的結果構成了一幅鮮明清晰的「心理影像」，「看到」自己扮演成功的角色，依照你所希望的那樣去感受，去行動，並且不斷地為自己展現實現想像的畫面，新增一些枝微末節，反覆體味。等到你的「心理影像」經過多次重複而變得十分清晰、越來越「真實」的時候，相應的感覺就會油然而生，就像「事實上已經成功了」所產生的效果一樣。這時候，你的大腦內部和神經系統也會隨之變化，大腦皮質將刻下新的「記憶痕跡」和「神經中樞」樣式，它將激發你的潛意識中全部的能量，使你以最開朗愉快的心情，以最佳的精神狀態，去選擇和從事你所喜歡的事情，投身到人生的拚搏之中。這樣，你就與你的「心理影像」越來越接近，從而塑造出一個新的自我。

■ 3 斬斷束縛自信的繩索 ▶

　　為什麼許多人總是習慣於消極的自我暗示呢？即使在培訓班上，有的朋友也反映說，聽了幾堂成功心理，很受啟發，心情振奮！可是回到現實生活中，自己好像還是老樣子，仍不能自信主動，這該怎麼辦呢？

　　不必奇怪，也不要著急，一個人要改變自我意識，由經常進行消耗的自我暗示轉變為自覺地堅持積極的自我暗示，實在不是一件容易的事。首先，我們要明白，一個人的自我意識會受到許多因素的影響，而且是經歷了相當長的時間形成的，怎麼可能一下就改變，一蹴而就呢？奧里森·馬登經過多年研究認為：影響心理暗示的因素有以下幾方面：

1. 如何看待自己的品格、智慧

　　主要是如何看待自己的優缺點。如果認為自己條件很差，缺點很多，並害怕承認，力圖掩蓋，當然就會影響自我認知，對自己的評價偏低。如果能充分了解自己的優點和潛能，並充分表現自己的優點，開發自己的潛能，又不想掩飾自己的缺點不足，那就會自我評價較高。

2. 為自己選取什麼樣的目標，提出什麼樣的標準

如果自我期望和要求很低，就總會感到志得意滿，不思進取；但如果對自己的目標選擇期望標準過高，也會感到力不從心，悲觀失望。只有從實際出發，選擇和期望較為恰當，才會產生積極作用。

3. 和什麼人比較

一個人透過和不同的對象做比較，可以使自己顯得很矮小或者很高大，顯得笨拙或者聰明。一個人如果眼界狹窄，見識很少，僅僅只和幾個人相比較，就會產生過度的自卑感或優越感。

4. 個人的歸屬感

一個缺乏自信的人如果發現他所屬的群體、環境較為優越和可依靠，微不足道的自我由於「我們」而會增強信心。反之，就會感到平庸而虛弱。同樣的道理，家庭出身、別人的看法、學歷的高低等等也都是影響自我意識的因素。

5. 如何看待實踐

成功令人鼓舞，失敗令人沮喪。這兩種截然不同的情況自然對人的自我意識有很大的影響。在這個問題上，還包括成功或失敗對自己產生的或褒或貶的影響。

　　正因為我們的自我意識要受到多種因素的影響，所以我們要把成功心理所包括的各個方面的思想內容相互連繫，融會貫通，才能領會其精神核心，應用到具體實踐中去。但不論因素有多少，最根本、最關鍵的因素依然是由自我認知、自我評價、自我期望與要求所構成的自我意識，因為一切因素的影響都要透過你的心理反應才能發揮作用。你到底認為自己行，還是不行？你是側重於「想要」什麼，還是總想「不要」什麼？你是習慣於生活在別人的眼光裡，還是一定要做自己的最高仲裁者？這一連串的自我意識和選擇便決定了你遇到問題和挑戰時將會進行什麼樣的自我意識，採取什麼樣的行動，並得到什麼樣的效果。

　　人人都想成功，可是許多人在尚未行動之前，就首先從心理上產生了動搖，產生了懷疑。他們總是從消極的方面自我暗示：「我可以嗎？」、「失敗了怎麼辦？」、「看起來，這件事很可能做不成。」、「算了，既然決定了，那就試試運氣吧！」、「但願不要失敗，不要叫人笑話……」諸如此類的消極暗示、失敗心理，往往導致事情真的失敗了。而這類挫折和失敗，又作為經驗和資訊儲存在自己的大腦，並在下一次進行新的嘗試的時候，再一次出現消極的自我暗示，形成惡性循環。「大概不行，我這人天生不行！」這樣的心理暗示，其結果不是導致再一次失敗，就是索性放棄努力，不再追求

成功了。所以說，成功是一種習慣，失敗也是一種習慣。

一位碩士研究生畢業的女律師準備第一次出庭辯護，內心緊張不安：「我不要神色拘謹，說話不順。我不要被人家看出我是第一次出庭，沒見過世面。我不要被人認為太年輕，沒經驗。我不要被人認為太幼稚，沒本事，我不要……」

她掉進了一連串的「不要」、「不能」、「可別」之類的陷阱裡，她總是擔心出錯露怯，害怕挫折失敗。這當然屬於消極的自我暗示。可是，事情往往是你不要什麼，你害怕什麼，卻偏偏會出現什麼，得到什麼。因為她的大腦裡產生了一系列糟糕的影像。有關的研究顯示：人的大腦裡多次出現的影像會像實際情況那樣刺激人的神經系統。如打高爾夫球，你總是告誡自己：「不要把球打進水裡」，大腦就會浮現出「球掉進水裡」的情景，那麼事情必然不妙。

許多人在當眾演講、與人交際、求職面試、與異性約會、參加某種比賽等活動中，尤其是初次參與活動的時候，都會出現這種消極的心態，都會掉進一連串「不要」的陷阱裡。

那麼，這位女律師應當怎樣自我暗示呢？她應當把注意力集中在自己所希望發生的情景上，她應當在心裡說：「我相信我可以做到！我相信自己一出庭就顯得很有精神，很有氣質。我希望一張口辯護就使人感到我精通法律，主持正

義，我的論點是以充分的事實為依據的。我希望語言流暢，論辯有力，能夠吸引人們的注意和興趣，贏得人們的贊成與支援……」於是，她就想像那種充滿自信、論辯有力的具體情景，經過這樣的練習和準備，她就會在第一次出庭辯護中獲得成功。

既然如此，何樂而不為呢？實際上，許多人並不是絕對不使用積極的自我暗示，但他們不經常、不堅持這樣做。當他們面對困難，遇到挫折的時候，他們就對積極的心理暗示失去了信心。他們的願望、意圖大都是不錯的，也多少知道應當積極自我暗示，自己為自己打氣，鼓勵。但現實的困境、某種「厄運」，或某種不良刺激，又常常迫使他們把心理暗示這個法寶翻轉到消極的早已習慣的那一面。有些人之所以難以把成功心理貫徹到自己的實際生活中去，其原因就在於此。這就說明，如果我們的自我意識不能脫離早已習慣的舊軌道、框架，那就會誤以為積極的心理暗示沒有用。

你對自己如何評價？你經常用什麼樣的詞語在心裡或口頭上描繪自我形象？面對這些問題，你要認真檢查一下自己的經歷和意識。很多人在社會生活中的笨拙行為和言談舉止上的遲鈍現象以及無能為力嘗試新事物的守舊習慣，就是由於他人所云而形成的，並轉化為消極的自我描述，也就是心理上消極的自我暗示。

　　一個女孩子上小學，起初她很喜歡描描畫畫，塗塗寫寫。可是有一次，她的老師看了她的塗鴉之作直搖頭，很簡單地告訴她：她畫得不好，沒有繪畫的天賦。聽了這種不中聽的話，女孩子很不高興，暗自傷心，但又不相信自己有天分，難道老師的看法還會錯嗎？此後，她就再也不願塗塗畫畫了，再也不想去上美術課了。過了沒多久，老師的兩句話——替她掛上的小標籤，開始變成她的自我描述了：「我美術不行。」她長大後，考大學選科系，或選擇職業，或考慮業餘愛好，若有人問她為什麼不畫畫，她就會說：「我美術不行，一直就是這樣，我確實沒有繪畫的細胞。」由此可見，自我描述詞語大都是你過去的經歷並接受他人替自己掛標籤的產物，而你自己卻又一直沒有檢查分析這些詞語有什麼不對。那麼，這種消極的自我描述也就成為你生活的一部分了。

　　另一原因是個性弱化、觀念守舊，使人習慣於自我貶低。傳統守舊的觀念使你謹小慎微，事事謙虛，使你總覺得貶低自己總比自信自愛來得保險，似乎可以避免自高自大之嫌。你總是自我描述：我膽子太小，我記性不好，我不敢冒險，我缺乏素養，我總怕話說不好……起初也許是為了表示謙虛，不過是嘴上說說，但久而久之，便成了一種思維方式，自我意識。

　　有一個中年人，他很想上大學深造，但是年輕時錯過了機會。有一次他決心一試，可是又害怕自己比不上年輕人，懷疑自己的能力。臨到考試那天，他一看別人都很年輕，就認為「我年紀太大了，腦子不靈光了，其實我對上大學也沒多大興趣，何必跟自己為難，又叫人笑話呢？」許多人常以這樣的自我描述來迴避自己很想做的事情，而且會形成惡性循環。

　　自我描述和自我意識如此循環，成了習慣，你怎麼能把發展積極心理態度的嶄新意識培養起來，運用到實踐中呢？你要塑造新的自我，那就必須驅除消極自我這個惡魔！拋棄以往消極的心理暗示，宣布你現在另有選擇！

4　把信心與實際行動相結合　▶

　　將信心運用到實際行動的不二法門，就是積極心態。下面是將信心與實際行動相結合的 9 個步驟：

　　第一步：先建立一個明確目標，並且朝著目標前進，確定你要的是什麼，並且努力去得到它。但應確定你所希望的目標是值得你努力而且你可能達成的目標。別小看自己的能力，要相信自己一定能夠做到，但也別定出一個遙不可及的目標。

　　第二步：堅定你對目標的信念。想想看，當你達到目標後的歡愉感覺。並且，應當在你達到一個目標之後，再設定一個新目標。人生是一個不斷奮鬥的過程，切勿因為達到目標就感到自滿。

　　你將會達到你為自己設定的目標，每天都要運用一切方法培養你對未來的遠見。

　　第三步：寫下你的明確目標會為你帶來的種種好處，並時時在腦海中想著這些好處，這可使你藉著自我啟發的力量創造出成功意識。而成功意識可在事情進行得不太順利時，堅定你達到目標的決心。

如果你被一件難以達成的事情困住時，則可以想一想一旦你得到解脫之後，想要做些什麼事，並且對此一期待報以微笑。

第四步：和那些支援你和你的明確目標的人交往，並接受他們的鼓勵，這些人可能是你的同事、朋友或家人。

一位房地產經紀人帶著沮喪的神情回到家裡。當她不順心地嘆氣時，她的丈夫拿出她的「百萬富翁俱樂部」證書以及一張買主的名單問道：

「妳看看這些是什麼？是誰賣掉這些房子的？是誰賣掉那棟坐落在湖邊費時兩年還賣不掉的房子？是誰看中那棟夢想中的房子的？最近的一個售屋案不是最好的案子嗎？」

她聽了丈夫的鼓勵之後再度打起精神奔向戰場，但是她的丈夫呢？別認為那些鼓勵的話不會鼓舞她的丈夫，同樣也別認為他在說完那些鼓勵的話之後，在自己的工作方面不會有所進步，我們每個人都需要別人的鼓勵，而鼓勵他人的同時，也會為自己帶來同樣的好處。

第五步：別在過完一天之後，才發現當天的所作所為對明確目標沒有一點明顯的貢獻。雖然房地產經紀人無法每天都賣出一棟房子，但是他們每天都會帶著客戶去看房子，會談論它，回顧潛在客戶名單，演練銷售方法，想像他們將成為一個家庭，介紹那麼美麗的房子。雖然這些並非實際的銷

售行為，但他們都是實際銷售行為的一部分。

第六步：選擇一位富裕、自力更生和成功的人作為「楷模」，並時時想到你不但要迎頭趕上，而且還要超越他。別告訴別人你所選擇的楷模，因為選擇楷模的目的不在於進行公開的競爭，而在藉著比自己強的人，來確立你要走的方向。

第七步：在你的四周放置書籍、圖片、座右銘能強化成就和自力更生意義的東西，並且隨時變更旋轉位置。這些可使人警惕反省的東西，能幫助你有機會從不同的角度觀看這些東西，並和其他不同的東西發生連繫。

上述那位房地產經紀人，將「百萬富翁俱樂部」證書的影本裱框，放在她的書桌上。有一天她清理證書上面的灰塵，清完灰塵後將證書隨手放在一份報紙上。當她準備再去拿證書時，發現報紙上有篇報導一位最新僱用的足球教練的新聞。「他總得要有個可以住的地方吧！」她心想。你猜猜看她把她最近想要賣的一棟房子賣給誰了？

當你營造出一個有建設性的氣氛時，可將你所聽到和讀到的鼓勵字句記在筆記本上，如果你能在路上或開會時快速地書寫數語，將會為你帶來長久的助力。

第八步：別因為遇到了反對意見就想要逃避，而應運用你所有的資源就地和反對者戰鬥。

但這並不是說要對那些向你說「不」的人揮動拳頭，而是說不要接受那些反對意見，要盡一切努力改變反對者的心意，或者你應該反躬自省，看看你有什麼做得不對的地方並加以改進，有的時候逆境反而是一種檢驗機會，它可以提供使自己更進步的方法。

記住，你之所以成為一個獨立的人，並且處於一定的處境，乃是因為你的心中堅持著某種觀念和想法。如果你遲遲不肯運用這些觀念思想的話，那就等於為自己帶來更多的限制和挫折。

第九步：為完成任何有價值的事情，都須付出一定的代價，任何有價值的事情也值得去做。自力更生的代價就是當一個人在運用信心時，必須時時保持謹慎的態度。

擁有科學思考的人，不會將力量給予四周的事物、境遇、人類及環境……因為他們知道，自己的思考和情感是實現自己命運的力量，所以他們安定、自信和沉著。他們知道，自己唯一的敵人是對自己的否定和充滿恐懼的思考，所以他們對一切的人、事、物都不會感到懼怕。

■ 5 微笑的生活沒有難題 ▶

　　微笑永遠是受歡迎的，它來自快樂，也可以創造快樂。

　　人所有的恐怖、不安及不吉利的預感，都是由於自己相信其他的力量和充滿惡意的力量所造成。

　　我們所知道的惟一的精神創造力取決於我們的心態。當你理解到你自己的心態的創造能力，並意識到心態是一種活生生的東西時，你便可以解脫一切的束縛及從人世間的隸屬狀態跳脫出來。

　　希臘人說，笑是神所授予之物。笑是對付許多麻煩事的良藥。人類是惟一會笑的動物。動物不會笑。笑使你的視線歸回原位，刺激已固定的注意力，並且給予你明確清澄的思考力。

　　卡內基曾經描述過這樣一個故事：

　　被人們稱為機靈鬼的葉樂之每次到旅館、理髮廳或百貨商店一定都會和服務人員聊天。有時候他會讚美女服務生如何如何漂亮，有時候他會問理髮師為何選擇這一行，每天站著累不累……葉樂之在無意中把他們當作一個獨立的個體，這樣的關心自然會使他們報以感激的微笑。

有一個暑假，他出差到東京某高校參加一個學術討論會。上街時不慎鞋子壞了，他希望能找到一個修補鞋子的地方。可是走了半天沒有找到。回來時，他發現學校門口有修理腳踏車的，葉樂之靈機一動，朝著修車師傅走去，並微笑地與之點頭，然後與修車師傅聊起天來，稱讚師傅的手藝如何如何的好，做工如何仔細，講得師傅心裡美滋滋的。這時他抓住時機，講述了今天的遭遇，鞋子壞了，逛了半天找不到一個修鞋的，並示意鞋子只要釘上幾顆釘子就可以了。這時，修車師傅很樂意地為他把鞋子釘好。在這裡，微笑發揮了關鍵作用。它以一種神奇的魅力傳遞著人與人之間的情感，使他們從不相識到相識，從相互認識到相互理解。

當不安掠過你心靈時，特別請你要笑一笑；焦躁的時候也笑一笑；在一天之中，如果你犯下了愚蠢的錯誤，也請你笑一笑將它忘掉；當你不高興而板著面孔時，也請你一笑置之。

一位少年對他母親說：「我討厭哭，所以我笑。」因為那位少年的蛋和牛奶掉到地上了，但他把哭泣換成了笑。

所以卡內基說：「我想提醒大家，凡是在你追求成功的過程，你一定不要把微笑收藏起來，我可以說，世界上沒有比微笑能具有更大的力量，它是困難挪動啟動器，它是剷除逆境的推土機，它是我們走向成功和輝煌的綠卡。」

6　學會擺脫內疚和憤怒 ▶

很不幸的是，我們都已習慣於抱有一種負疚感。家庭、學校、地區和政府 —— 這些組織機構中的每一個，都是透過引發我們的內疚來對我們進行控制。在我們的文化中，內疚被當作一種有效的控制手段加以運用。當然，這裡也還必須有一個施以獎懲的系統，否則，我們今天這套有效進行著的文化，將會是無效的。不過，我們永遠不要把內疚與我們個人對正確和錯誤的道義上的認知混淆。這裡說的不是良心問題，而是關於別人用以控制我們的那些小小的內疚。

不用說，我們應當吸取過去的經驗教訓，但不能總在陰影下活著，振作起來，修正自己的行為方式，讓我們看看弗雷德的例子吧！弗雷德是一位忙碌的商人，四處旅行。當能夠與全家人共度週末時，他非常高興。他年邁的雙親住的地方，離他的家只有一個小時的路程遠。弗雷德完全清楚自己的父母是多麼樂於見到他和他的全家人。但他總是盡可能地尋找藉口不到父母那裡去，最後幾乎發展到與父母斷絕往來的地步。不料，他的父親死了，弗雷德好幾個月都陷於內疚之中，回想起父親曾為自己做過的所有好事情。他埋怨自己

在父親有生之年未能盡孝心。在最初的悲痛平定下來後，弗雷德意識到，再大的內疚也無法使父親死而復生。意識到自己的過錯之後，他改變了以往的做法，常常帶著全家人去看望母親，並經常和母親保持密切的電話聯絡。而母親也在假日裡花些時間和他們待在一起。弗雷德從錯誤中吸取了教訓，他內疚的感情因而轉變成了有益的因素。下面再讓我們來看看約瑟：約瑟的母親很早便守寡，她勤奮工作，以便讓約瑟能穿上好衣服，在城裡較好的地區住上令人滿意的公寓，能參加夏令營，上好大學。約瑟的母親為孩子「犧牲」了一切。當約瑟大學畢業後，找到了一個報酬較高的工作。她打算獨自搬到一個小型公寓去，公寓離她母親的住處隔著幾個街區。人們告訴她不要搬到那個公寓，因為母親為她做出那麼大的犧牲，現在她撇下母親不管是不對的。約瑟立刻感到有些內疚，並同意與母親住在一起。後來她看上了一個青年男子，但她母親不贊成她與他交朋友，強有力的內疚感再一次地作用於約瑟。幾年後，為內疚感所奴役著的約瑟，完全處於她母親的控制之下。她成了一個十足的附屬品，她對母親的控制稍感不滿，母親對她的施加壓力也就愈厲害。由於感情受到壓抑，她的抑制挫折不斷加深，一直到她精神上變得麻痺。她的感情抑制是心理上失去平衡的結果。約瑟本沒有理由感到內疚，她是被人控制著才產生了內疚感，而

到最終，她又因自己生活中的每一個失敗而責怪自己的母親。憤怒常常是對期望未能實現而作出的反應，也就是對挫折作出的反應。有時候，憤怒被作為施行控制的有效工具而加以利用。安迪·葛洛夫認為：一個控制者，可以利用憤怒輕而易舉地控制住一個尋求贊同的人，因為憤怒是對渴望贊同的最強有力的否定形式。如果你一直害怕別人憤怒的話，那麼當你因違背了控制者建立的準則而遭到他的憤怒時，你可能會完全地屈從於他。

憤怒有各種不同的形式，它可能是語言上的辱罵，或者是對人或事物施行暴力來反對。憤怒通常被用來控制你，使你產生內疚感，你會不解地自問：「現在我做了些什麼？」怨氣有時之所以發洩在你的身上，是因為控制者感到受了某些事物的威懾，他必須發洩出自己內心的恐懼或挫折感。通常，你成為別人洩憤的靶子，是由於把你當成替罪羊的行為模式已經形成。也許，由於你試圖改變與控制者之間業已形成的關係模式，使他感覺到有威脅，因此他利用憤怒來迫使你屈服。

一個更為微妙但又相當具有毀滅性的憤怒方式，便是沉默相待。在這裡，控制者引起你的焦慮不安，直到你不得不發洩自己的怨氣。這時，控制者便有完美的理由因你「失控」而對你進行懲罰。

　　爭端和不同意見，是生活中經常發生的事情。生活並非
是一條幸福與理解的玫瑰色道路，甚至在最好的情況下，你
都將不得不時而面臨逆境。但是，被某人所操縱和控制，將
會封鎖住你通往成功的路。如果你陷入了這種境地，要努力
擺脫出來，你應當跑，而不是走。

　　兩種情況都不是自己控制自己，而是在對別的控制者的
有害訊號作出反應。在內疚和責怪中，我們讓別人控制了自
己的生活，而正如我們知道的，讓別人控制自己是一條確定
無疑的，引向失敗的災難之路。

　　因此，在成功的路上，你必須首先學會擺脫內疚與
憤怒。

7 努力砸碎自卑的枷鎖

自卑就是自己瞧不起自己。因為自卑，辦事綁手綁腳，一無氣魄，二無膽略，這樣的人容易被人瞧不起，而別人瞧不起又加劇了他的自卑。如此惡性循環，自卑的包袱就會越背越重，自卑的程度也會越來越深。

生活中，人們對自己常有消極評價：

罪惡感。

說不出稱讚別人的話。

無法接受別人的讚美。

不重視自己的需求。

內心想要的事物卻說不出口。

沒有必要地限制自己享用任何奢侈品。

不能對人表示親切。

無法接受別人親切的表示或因而感到不愉快。

苛責別人。

總是拿自己跟別人比較。

人為什麼會對自己有這麼消極的評價呢？其實，這就是人的自卑感在作怪。

　　不利的客觀現實加上不良的心理素質，兩者結合就必定會形成人的自卑感。而自卑感一經形成，如果不能及時克服，還會不斷加重。人們常說「自輕自賤」，自卑從來就是和自賤連繫在一起的。

　　你覺得自己差勁嗎？那你就會容忍所有的人踐踏你、貶視你。你心裡只有諸如此類的念頭：「我根本不算什麼」、「都怪我」或「我老是受這種待遇，說不定是我罪有應得。」

　　你也許要問：「我能這樣忍受多久？」

　　答案應是，看你會輕視自己多久。

　　其實，自尊比自卑更符合人的自然本性。在正常情況下，人們都有著比較強的自尊心。因此，如果一個人發展順利，他是不會輕易地懷疑自己的能力而認為自己「不行」的。自卑，是在發展受挫下，自尊被扭曲、變形產生的。

　　自身出現了某種不如他人的因素，如工作失誤、職位不如別人理想等等，這些都可以使人感受到失敗的精神重負，背上自卑的思想包袱。

　　好勝心受到挫折易生自卑感。凡青年都有爭勝好強的特點，他們不管從事什麼活動，都有一種競爭感，喜歡暗暗地和別人較勁。如果屢次在這種暗自比賽中落後，心理上就受到挫折，因而感到自卑。

　　自尊心得不到應有的尊重也易使人產生自卑感。自尊心是激勵人們奮發向上的一股動力，但是一個人的自尊心如果得不到應有的尊重，也容易走向它的反面，導致自卑。如一個人經常受到上司的責備和感到周圍人們的疏遠冷淡，他就容易產生「主管和同事都瞧不起自己」的自卑感，處處感到自慚形穢。如果一個人經常被批評得一無是處，他就會感到「自己什麼事情都做不好」，行為會變得更加拘謹。

　　在一般情況下，人們都有強烈的上進心，都希望能得到一個有利於上進的環境和條件。但當這種上進心受到壓抑，自己的努力得不到別人承認時，都容易使人心煩意懶，放棄進取的雄心。

　　當然，並不是所有的人碰到上述情況時都會感到自卑。除了上述客觀原因外，自卑的產生還有其內在的心理根據。

　　意志薄弱和性格軟弱，這是自卑的一種重要的心理病源。堅強的人在其自尊心、上進心受到壓抑時，不是變得自卑，而是會激發起更強烈的自尊，激勵他以更大幹勁衝破壓抑他的因素。意志薄弱和性格軟弱的人則正相反，他們常常被逆境、障礙所嚇倒，不敢與之抗爭而祈求找到一個風平浪靜的「港灣」躲避起來。不想，也不敢與命運抗爭。

　　不能全面地看待問題，對自己的優缺點和現實環境的利弊缺乏正確、全面的了解，這也會助長自卑的產生。有的人

只看到眼前的困難、挫折和障礙，看不到有利因素和光明前途，常常因為眼前的一點小困難而盲目地自卑起來。也有的人只看到自己的短處，看不到自己的長處。缺乏冷靜、耐心和恆心，這常常會加速自卑的形成。有的人老是幻想一步登天，事業早成，經過一陣子的「衝刺」取得成功。在經過一番短期努力後，倘無效果，便會認為「我不行」，開始自卑起來。

自卑既然對一個人的成長有如此多的壞處，我們就要想方設法的消除自卑，下面是幫助你消除自卑的幾個招式：

接受讚美：永遠記得說謝謝你。

稱讚別人：要對自己感到滿意，最簡單的一個法子就是承認別人的好。

談到自己一定要說好話：如果你真的覺得自己沒什麼好處那就閉上尊口。

稱讚自己：每當做對一件事，就給自己一個鼓勵，要清楚自己的優點！

善待自己的身體：你只有一個身體。身體各部分息息相關，要常運動，注意飲食。

讓別人知道你希望受到什麼待遇：尤其應該用你對待自己和旁人的方式，立下一個榜樣。任何人都沒有必要忍受別人的虐待！

多接近好人。

設法讓自己在享受快樂時不產生罪惡感。

多說肯定的話。

多讀能帶給你新觀念、新啟示的書。

在心中刻畫你想要的樣子而不是你現在的樣子。

掌握了以上原則，你也就掌握了開啟自卑枷鎖的鑰匙。如此這樣，你也就離你真實的自我、不凡的人生越來越近了。

■ 8　消除抑鬱的 14 種方法 ▶

抑鬱使許多人無法履行自己的義務，因為抑鬱消耗他們的精力，損害和破壞他們的創造力。

美國學者卡託爾認為，不同的人會進入不同的抑鬱狀態，但是他只要遵照以下 14 種方法，抑鬱的症狀便會很快消失，這 14 種方法包括：

1. 必須遵守生活秩序。與人約會要準時到達，飲食休閒要按部就班，從穩定規律的生活中領會自身的情趣。

2. 留意自己的外觀。自己身體要保持清潔衛生，不得身穿邋遢的衣服，房間院落也要隨時打掃乾淨。

3. 即使在抑鬱狀態下，也決不放棄自己的學習和工作。

4. 不得強壓怒氣，對人對事要寬宏大度。

5. 主動吸收新知識，「活到老學到老」。

6. 建立挑戰意識，學會主動接受矛盾，並相信自己能成功。

7. 即使是小事，也要採取合乎情理的行動；即使你心情煩悶，仍要特別注意自己的言行，讓自己合乎生活情理。

8. 對待他人的態度要因人而異。具有抑鬱心情的人，顯得對外界每個人的反應、態度幾乎相同，這是不對的，如果你也有這種傾向，應盡快糾正。

9. 拓寬自己的興趣範圍。

10. 不要將自己的生活與他人的生活比較。如果你時常把自己的生活與他人作比較，表示你已經有了潛在的抑鬱，應盡快克服。

11. 最好將日常生活中美好的事記錄下來。

12. 不要掩飾自己的失敗。

13. 必須嘗試以前沒有做過的事，要積極地開闢新的生活園地，使生活更充實。

14. 與精力旺盛又充滿希望的人交往。

四、進取心與成功有約

1 進取心是優秀者的品格 ▶

只要你留意，你就會發現，每一個成功者都有著勇往直前，不滿足於現狀的進取心。可以說，他們沒有人對自己取得的成就沾沾自喜，大多數人都表示要繼續努力。這就是一種進取心，是推動人們進行創造的動力。

個人進取心，是你實現目標不可少的要素，它會使你進步，使你受到注意而且會為你帶來不斷成功的機會。

進取心是一種極為難得的美德，它能驅使一個人在不被吩咐應該去做什麼事之前，就能主動地去做應該做的事。

對於一個有進取心的人來說，他即使屢遭失敗但仍舊十分努力。在他看來，只有能克服不可思議的障礙及巨大的失望的人才能獲得巨大的成功。美國發明家布克·T·華盛頓說：「我明白了，成功的大小不是由這個人達到的人生高度衡量的，而是由他在成功路上克服的障礙的數目來衡量的。」

哈羅德·雪曼寫過一本書，名叫《如何反敗為勝》。作者在書中列出八種進取精神：

1. 只要我堅信自己正確，我決不放棄；
2. 我深信，只要我堅持到底，一切都會迎刃而解；

3. 在逆境中我會充滿勇氣，決不氣餒；

4. 我不允許任何人用恫嚇或威脅使我放棄目標；

5. 我會竭盡全力克服生理障礙與挫折；

6. 我會一而再，再而三地努力做到我想做的事；

7. 知道了成功的男人和女人都曾跟失敗和逆境搏鬥之後，我會獲得新的信心與決心；

8. 無論我面臨什麼樣的障礙，我決不向失望與絕望低頭。

在爭取成功的過程中，決不應低估了進取心的重要性。進取心是為了戰勝失望而必須培養的品格之一。

個人進取心是不需要別人提醒，而能主動去做需要做的事情。這是美國人的各種個性中最優秀的一項特質。

當你在工作上一直致力於要求最佳表現時，就必須洞察每一種情況。無疑的，在工作中必然會出現一些超乎尋常的事情，你的努力有一部分就在完成這些較特別的工作，而這就意味著你在工作中，已注入個人進取心的力量。著名的財務軟體公司總裁王文京就是一個不滿足現狀，具有不斷進取精神的人。他大學畢業後在政府機關工作，在部門裡他是工作主力。他負責起草的會計制度一直沿用到 1990 年之後。王文京還曾負責實施了政府機關行政會計電算化工作。

王文京在部門可算是個「紅人」，「如果在政府機關發展可能會很有前途」。但王文京並不滿足於現狀，他認為他還

有很大的能量有待於開發。於是，在他 24 歲的時候，決定到實業界去發展，直接貼近經濟生活。王文京意識到開公司才是他個人的長遠選擇。他認為：「計劃經濟中機關是最好的單位，但市場經濟中企業越來越重要。」

1988 年下半年，王文京正式辭職。

辭了職的王文京成了待業青年。所以，他以最低的企業形式 —— 個人名義註冊了一間公司。

做企業也有做企業的難度，做企業也有做企業的苦衷，王文京認為最重要的是要調整心態：「做企業的人一睜開眼睛看到的就是問題、困難和壓力，但如果你認為問題、困難和壓力是一個企業領導人職業生涯中不可或缺的一部分，企業領導人的職責就是要處理問題，要解決困難，那麼，你就不會感到辛苦了。」

1988 年，王文京創業的時候，根本就沒有想到過軟體會像汽車一樣成為一個產業。「我只是感到軟體在世界上很有前途，財務軟體會有發展的機會。」王文京對軟體從來沒有悲觀、失望過。「重要的不是現在的起點是高是低和現在的規模是大是小，重要的是要去做。絕對不要怕，哪個企業都是從小發展起來的，堅持下去，一定會有大發展。」

在王文京看來，應用軟體產業有挑戰國外軟體的實力。組成軟體產業的三項戰略資源是：人才、市場和資本。印度

內需市場很小，美國軟體能發展起來，就是因為它有龐大的
國內市場，現有市場在未來沒有問題。人力資源也很豐富，
雖然還存在人才的結構問題，但這是要靠發展才能解決的問
題，軟體發展的時間太短了，所以，缺乏系統分析人員和專
案管理人員，這些問題隨著發展可以解決。資本問題本來被
看做一個很大的問題，但是最近完全改觀了，無論是本土資
本還是國際資本，都在往軟體上投入。

　　王文京憑他的進取心和智慧，在短短幾年之內，把公司
做成了知名的企業，2000 年 11 月份，他被美國富比士雜誌
評為中國 50 富豪之一。我們從王文京的身上，可以看到，
個人進取心在成功者身上表現出來的一種永不滿足的優秀
品格。

▌2 進取心是成功者的助推器 ▶

　　為什麼說進取心是成功者的助推器？因為，當一個人具有不斷進取的決心時，這種決心就會化作一股無窮的力量，這種力量是任何困難和挫折都阻擋不了的，憑著這股力量，他會不達目的絕不罷休。約蘇阿·荷爾曼於西元 1796 年出生於法國的穆爾豪斯，這裡是阿爾薩斯棉紡業的中心。他的父親從事棉紡業的工作，荷爾曼 15 歲時就到父親的辦公室打雜。他在那裡做了兩年，業餘時間他就從事機械製圖。後來，他到巴黎他叔父的銀行裡當差兩年，晚上他一人默默地學習數學知識。他家的親屬在穆爾豪斯開辦了一家小型棉紡廠以後，他被指派在巴黎師從迪索和萊伊兩位先生，學習工廠的運作知識。與此同時，他成了巴黎機械工藝學院的一名學生，他在那裡聽各種講座，研究學院博物館中陳列的各種機器。在這樣勤奮學習了一段時間之後，他回到了阿爾薩斯，指揮在維爾坦新建廠房中的機器安裝，並很快完工投入了運作。然而，由於生產遭受了當時發生的一場商業危機的嚴重衝擊後被迫停產，工廠不得不轉手他人，因此，荷爾曼回到了他在穆爾豪斯的家中。

　　在這段時光裡，他身體賦閒在家，但心卻沒有賦閒，他把全部精力都投入到發明的探索過程中。他最早的設計是繡花機，裡面有 20 根針頭同時工作。經過 6 個月的辛勤勞動後他成功地完成了他的目標。由於這項發明，在西元 1834 年的巴黎博覽會上 —— 他獲得了一枚金質獎章並被授予騎士勳章。荷爾曼在成功面前並不滿足，他要向新的成功挑戰。此後，他的各種發明接連而來。而最具創造性的設計之一是一種能同時織出兩塊天鵝絨式的布料或織出好幾層布料的紡織機，這兩塊布由共同的絨線相連結，但有一把小刀和切割器在紡織的時候把它們分開。當然，他最具創新意識的發明成果是精梳機。

　　因為原有的粗糙的梳棉機在調製原材料用以進行精細紡織方面效果不理想，特別是在生產更好的紗線方面，更令人不滿意，除了導致令人痛心的浪費外，生產不出優質產品。為了克服這些弊端，阿爾薩斯的棉紡織業主們曾懸賞 5,000 法郎尋求精梳機的誕生，荷爾曼於是開始著手去完成這項任務。其實，他並非是因為這 5,000 法郎才去從事這一發明的。他從事這項發明純粹是他個人的進取心所促使。他的一句格言是：「一個老是問自己做這個能給我帶來多大收益的人是做不成大事的」。真正激發他的創造性的主要因素是他那身為發明家所天生具有的不可遏制的衝動。然而，在探索

精梳機的發明過程中，他所遭遇到的重重困難是他始料未及的。光是對這個問題的深入研究就花去他好幾年的時光，與發明活動有關的開銷是那麼龐大，他的財富很快就耗費一空。他陷入了貧困的深淵，再也無力從事改善他的機器的努力了。從那時起，他主要仰仗朋友的幫助來度過危機，從事發明活動。

當他還陷在窮困的泥潭之中苦苦掙扎之時，他的妻子離開了人世，她認為自己的丈夫遲早會完蛋。不久，荷爾曼流落到英國，在曼徹斯特待了一段時間。在那裡，他仍不氣餒，繼續辛勤地從事他的發明活動。後來，他返回法國看望自己的家小。期間，他仍然不停地從事把設想轉化為現實成果的活動，他的全部精力都花在這上面了。一天晚上，當他坐在爐邊沉思著許多發明家所遭受的艱辛多難的命運，以及因為他們的追求而帶給家人的不幸時，他無意之中發現他的女兒們在用梳子梳理她們那長長的頭髮，一個念頭突然在他的腦海裡產生了：如果一臺機器也能模仿這種梳髮過程，把最長的線梳理出來，而那些短線則透過梳子的迴旋把它們擋回去，這樣就可以使他從困境中解脫出來了。這一發生在荷爾曼生活中的偶然事件由畫家埃爾默先生製作成了一幅美麗的油畫，並在西元 1862 年舉行的皇家藝術展覽會上展出。

在這一觀念的指導下他開始努力進行設計。之後，他設

計出了一種表現上述簡單但卻在實際上最為複雜的機器梳理工藝技術，在對它進行了巨大的改進後，他成功地完成了精梳機的發明。這種機器的工作效能的妙處只有那些親自目睹過它工作的人才能領略和欣賞到。它的梳理過程和梳理頭髮過程的相似性是一目了然的，正是這一相似性導致了精梳機的發明。該機器被描述為「幾乎能以人的手指的敏感性來進行活動。」我們從荷爾曼的發明過程中，可以領略一項真正的成功所包含的艱難和曲折，但是我們更敬佩荷爾曼那堅韌不屈、勇往直前的進取精神。正是這種精神才使我們的世界在創造中不斷地展現出動人的魅力。

3　個人進取心是攀登者的動力　▶

在放棄者、半途而廢者和攀登者這三種人中，只有攀登者的生活是全面的。半途而廢者僅僅達到了基本的物質生活，還處於生活的基層，離全面的生活還很遠。但是，攀登者就不一樣了，他們對自己要去做的事情具有很深刻的目的意識，並且具有很強的熱情。目的和熱情無時無刻引導著他們。他們知道如何體驗快樂，並且把攀登看做是對他們的禮物和恩賜。攀登者知道那山的頂峰可能是難以捉摸的，它具有一種誘人的、神祕的力量，而不是單純的一個頂峰，並且整個攀登也充滿了力量。攀登者忘不了那種力量，這是一種超過他到達目的地的力量。

攀登者明白許多不同的獎賞和收穫，但他們注重的是長時效的收益，而不是短期收益。他們知道現在每向前跨一小步，哪怕向上攀登一點距離，在日後都會為他們帶來很大的收穫。這與半途而廢者是完全不同的。攀登者把滿足放在了將來，而不像半途而廢者僅僅對現有滿足，並不敢去面對未來的可能性。攀登者從來都是勇敢地面對挑戰。

攀登者常常有一種強烈的信念，即相信某些事比他們自

身更強大，這些更具有力量的事物正是他們想去征服的。當他們面對那些具有壓倒一切以及巨大威懾的山峰時，這種信念就會讓他們充滿很大的力量，勇於向最大的危險挑戰，並且這也是他們希望的事情。也正是這種信念使攀登者勇於做別人不敢做的事，像登山一樣，有人已經確定了某些路線是不能走的，但是攀登者並不信這些，他們恰要從這些路線攀上山頂。攀登者不僅勇於向可能性挑戰，而且更重要的是，他們勇於向不可能性挑戰。戰勝不可能性，獲得真正的勝利，這是攀登者最大的特性。

像威勒斯在珠穆朗瑪峰上一樣，攀登者們都是堅持不懈、固執的，並且也具有極強的體力和恢復能力。他們在進取中不斷排除障礙，找尋攀登的道路。如果他們到了一個絕對無法掌握的地方或者走到一條死路上，他們的方法很簡單，就是原路回來。當他們累了，無法再向前跨上一步，他們仍然給自己施加很大的壓力。「放棄」不屬於攀登者的詞語，他們是離放棄最遠的人。他們具有成熟性以及理解偶爾的後退不過是為了更好地前進這一哲理。他們擁有深刻的智慧，當然明白失敗是進取的極自然的一部分。攀登者並不是愚勇的，他們那種勇敢的生活無不充滿著真正的勇氣和科學性。他們是生命的探索者，也是成功者。

當然，攀登者也是人。有些時候，他們也會感到厭倦或

擔心攀登。他們可能會懷疑或者感到孤獨、受到傷害。他們對自己的行為提出了疑問，有些懷疑自己的挑戰。有時，你會看到他們與半途而廢者混在一起。然而他們之間不同的是，攀登者正在積蓄力量，等待重新恢復活力，並將開始新的攀登，而半途而廢者是不會再去攀登的，他們希望自己就待在這裡。對攀登者來說營地就只是一個營地，而對半途而廢者來說，營地則是溫暖的家。

與半途而廢者和放棄者不同的是，攀登者擁抱挑戰，與他們的生活緊緊相連的是一種緊迫意識。他們自我鼓勵，具有很高的精神動力，並且努力奮鬥以獲得生命的極致。可以說，攀登者就是行為的催化劑，他們總是讓事情得以發生。

攀登者總具有遠見卓識。他們常常能夠鼓舞人心。因此，他們也能成為一個好的領導者。甘地 —— 這位用自己不懈的大無畏奮鬥精神使印度獲得獨立的精神領袖 —— 就是一個不懈的攀登者，他的事蹟持續不斷地鼓舞著這個世界。諾特拉‧丹蒙足球隊的教練勞‧荷爾茲有一段精彩的傳奇，他是從來都不能容忍藉口和不行動的。荷爾茲在少年時很窮，也很悽慘，並且患有嚴重的結巴，他非常害怕在公共場所講話，以致到了不敢去上口語課的程度。

一天，他找到了為自己確定人生目標的力量（他學會了這種力量），他為自己確定了 107 個目標，其中包括有：與

美國總統進餐、漂流蛇河、會見波普、跳傘中盡量延長張傘的時間、成為諾特‧丹蒙隊的教練、得年度冠軍和錦標賽冠軍等等。後來，荷爾茲終於一項一項地完成了他的大部分目標。他獲得了聲譽，創造了自己的能力，他可以自由地用語言表達他想要表達的一切，並不斷去贏得勝利。荷爾茲不僅戰勝了對自己不利的逆境，還戰勝了許多我們認為或許不可能戰勝的東西。你能聽到攀登者像荷爾茲那樣說「立即去做」、「做到最好」、「盡你全力」、「不退縮」、「我們能產生什麼」、「總有辦法」、「問題不在於假設，而在於它究竟怎樣」、「沒有做並不意味著不能做」、「讓我們去做」、「現在就行動」。這些就是攀登者熱愛的語言。他們是真正的行動者，他們總是要求行動，追求行動的結果，他們的語言恰恰反映了他們追求的方向。

4　困難面前勇者必勝 ▶

　　最能表現一個人的進取心的是勇於克服困難，戰勝困難。人生的征途中，不可能不遇到困難。然而，面對著困難，富有進取心的人總是能夠不斷地將它克服。

　　美國廣告界的工作狂人亞‧克羅爾就是一個不畏懼困難的人，他的信條就是：「困難是暫時的，只要努力，最終就能戰勝它。」這種不畏困難所表現出來的進取精神，終於使他獲得了巨大的成功。亞‧克羅爾 1938 年出生在美國一個工人家庭。由於家庭經濟不富裕，他邊打工邊學習。在校期間學習成績優秀，文筆很強，被選為校刊主編，把刊物辦得很有生氣，得到校長、老師、同學們的好評。18 歲那年進了耶魯大學，兩年後，他離開耶魯大學，進了陸軍憲兵隊。

　　克羅爾熱愛學習，肯於鑽研，他不甘心就此放下學習，便辭別憲兵隊，又到拉特格斯大學學習。由於在校級橄欖球比賽中表現突出，被選為橄欖球隊隊長。後來被選入全美橄欖球隊。他的一篇學術論文，引起了《新聞週刊》報社的注意，並採訪了克羅爾，從中了解到克羅爾今後的打算，當律師或投身於廣告事業，當時他的主意未定。

這個消息被楊魯比肯廣告公司的一位高階副經理知道
了，馬上打電話邀請克羅爾到公司來，並誠懇地說，到廣告
公司，律師也有用武之地。克羅爾就這樣選擇了廣告這個
行業。

1971 年，克羅爾被董事長奈伊破格提升為主管國內廣告
業務的總經理。1980 年，43 歲的克羅爾被任命為公司總經
理，執掌著擁有 24 億資產的楊魯比肯廣告公司的大權。

克羅爾的信條之一是：「困難是暫時的，只要努力，最
終能戰勝。」

70 年代初，楊魯比肯公司的經營出現了劣勢，一些高
階職員紛紛辭職，另找出路，克羅爾也曾動搖過。董事長奈
伊挽留他，並讓他把設計部整頓一下，克羅爾接受了這一任
務。他認為設計部是廣告公司興衰存亡的關鍵，設計部不
好，直接影響公司的經營。他分析了設計部雜亂、驕縱的癥
結所在，那就是明明在廣告設計上大有所為，可是他們的力
氣總不是花在點子上。有時候，他們把客戶想解決的問題壓
根忘了。那時設計部，各行其是之風可謂盛矣。根據上述分
析，克羅爾設計了一套改造設計部的程序。

首先，整頓設計部的管理階層，選拔了一批精明、能
幹、勤勞、能吃苦的中堅；其次是堅決改變設計部工作自行
其是，不尊重客戶的風氣。克羅爾抓住要害問題，經過半年

來夜以繼日的奮鬥，終於使設計部煥然一新，公司很快開啟了被動局面，扭轉了頹勢。

從此，克羅爾一躍成為出類拔萃的人物，成為主管複雜的服務性企業的實踐家。他置身於作戰的前線，不斷完善克敵制勝的策略，帶領下屬奪魁稱雄。

1974 年，西榮斯床墊公司突然宣布，終止委託楊魯比肯公司經辦廣告業務。克羅爾知道後，馬上召集公司設計人員，開了一個極短的會議，僅僅用了 36 個小時，就準備出了一整套配有布景和音樂的全新廣告 ——「西榮斯床墊公司」的專題廣告藝術宣傳。透過演員們生動、風趣的演出，讓企業界人士留下深刻的印象。不出一小時，西榮斯床墊公司宣布，鑑於楊魯比肯公司出色的廣告宣傳，本公司將繼續委託它經辦廣告業務，取消和其他公司的業務合作。這次富有極大挑戰性的廣告戰，是克羅爾最漂亮的一次廣告戰。

1987 年 3 月，克萊斯勒汽車公司董事長艾柯卡來電，通知終斷 20 多年來的一直由楊魯比肯公司承擔的 4,500 萬美元廣告業務。公司將面臨減少一大筆收入的局面。奈伊把這不幸消息馬上告訴了克羅爾，但克羅爾彎有信心地對董事長說：「既然如此，咱們就另尋他路吧！會找到比這更大的生意。」

過了不久，克羅爾得知福特公司將準備跟一家廣告公司

合作。於是他就明查暗訪，經過幾次交鋒，終於從福特公司那裡接到了 6,800 萬美元的廣告生意，使公司轉危為安。

克羅爾在事業上平步青雲，全身心都放在公司的業務上。住在康乃狄克的西露丁時，經常趕乘凌晨四點半運送牛奶的火車到紐約上班，一次也沒遲到過。當上經理後，每天很早到總部，批閱有關客戶動向的情報、公司財務報告以及擴充經營的備忘錄。等部門人員陸續上班了，他便開始和他們討論或聽取報告。

克羅爾是個工作狂，一天的工作量是驚人的。有人對他的工作量做過調查：早晨上班後，他先是召開業務評審會議；和業務人員研究廣告設計；探討市場競爭的戰略方針；分析各行各業的競爭趨勢。繼而抽出時間，和客戶洽談廣告生意。最後，向訪問歸來的廣告界代表團問候致意等活動。

在克羅爾孜孜不倦、埋頭苦幹的影響下，下屬很受感染，也提高了他們的工作積極性。從而使楊魯比肯公司的廣告業務增長在同行業中處於領先地位。

克羅爾不但自己以身作則，苦幹、實幹，他還善於調動手下人的積極性，善對下屬。他常說：「要推動工作，應該是激發人的求勝願望。而不能用恐嚇威脅的手段。」

有一次，公司為福特汽車公司設計廣告，必須先想出一條主題標語來。公司業務人員用一個月的時間，提出 100 條

標語，但沒有一條入選。底特律公司也提出 100 多條廣告詞，但還是不中意，只好選出 3 條，準備開會討論。

克羅爾覺得這三條標語，沒有一條符合要求。在這種情況下，他沒有責怪、埋怨下屬，而是心平氣和地為大家講解這條標語表達什麼內容，應以什麼形式出現。他講解完後，大家都贊成他的設想。接著有人提出以什麼形式開頭，有人提出整個句子，有人對文字加以潤色，最後，綜合了大家的意見，不到 5 分鐘的時間，合乎要求的標語寫出來了。

克羅爾關心下屬的報告，經常幫助下屬解決生活等方面的困難。有一位檔案管理員，因父母年邁多病，身邊需要人照顧，準備辭職。克羅爾得知後，備感同情，並提出想辦法幫助他度過難關。就在此人領取老年救濟金之前，公司已經給予了適當的資助了。克羅爾一生「埋頭苦幹」，「循序漸進」，把一個運動員在運動場上奪魁稱雄的拚搏精神運用到企業經營上，永不懈怠，進取不停，使他在奮鬥中屢屢得勝。

■ 5　進取心面前沒有「不可能」 ▶

　　年輕的時候，拿破崙·希爾抱著當作家的雄心。要達到
這個目標，他知道自己必須精於遣詞造句，字詞將是他的工
具。但由於他小時候家裡很窮，所接受的教育並不完整，因
此，「善意的朋友」就告訴他，說他的雄心是「不可能」實
現的。

　　年輕的希爾存錢買了一本最好、最完全、最漂亮的字
典，他所需要的字都在這本字典裡面，而他的意念是完全了
解和掌握這些字。但是他做了一件奇特的事，他找到「不可
能（impossible）」這個詞，用小剪刀把它剪下來，然後丟
掉，於是他有了一本沒有「不可能」這個字的字典。以後他
把他整個的事業建立在這個前提上，那就是對一個要成長，
而且要成長得超過別人的人來說，沒有任何事情是不可能。

　　當然，這裡並非是建議你學拿破崙·希爾那樣從你的字典
裡把「不可能」這個詞剪掉，而是建議你要從心中把這個觀
念剷除掉。談話中不提它，想法中排除它，態度中去掉它，拋
棄它，不再為它提供理由，不再為它尋找藉口，把這個字和這
個觀念永遠的拋棄，而用光輝燦爛的「可能」來替代它。

　　湯姆・鄧普西就是將不可能變為可能的一個好例子。湯姆・鄧普西生下來的時候，只有半隻腳和一隻畸形的右手。父母一直鼓勵著他，並且從來不讓他因為自己的殘疾而感到不安。結果是任何男孩能做的事他也能做，如果童子軍團行軍 10 里，湯姆也同樣走完 10 里。

　　後來他要踢橄欖球，他發現，他能把球踢得比任何在一起玩的男孩子遠。他要人為他專門設計一隻鞋子，參加了踢球測驗，並且得到了衝鋒隊的一份合約。

　　但是教練卻盡量婉轉地告訴他，說他「不具有當職業橄欖球員的條件」，促請他去試試其他的事業。最後他申請加入紐奧良聖徒球隊，並且請求給他一次機會。教練雖然心存懷疑，但是看到這個男孩這麼自信，對他有了好感，因此就讓他加入球隊。

　　兩個星期之後，教練對他的好感更深，因為他在一次友誼賽中踢出 55 碼遠得分。這種情形使他獲得了專為聖徒隊踢球的工作，而且在那一季中為他的球隊贏得了 99 分。

　　然後到了最偉大的時刻，球場上坐滿了六萬六千名球迷。球是在 28 碼線上，比賽只剩下了幾秒鐘，球隊把球推進到 45 碼線上，但是根本就可以說沒有時間了。「鄧普西，進場踢球。」教練大聲說。

　　當湯姆進場的時候，他知道他的球隊距離得分線有 55 碼

遠，球是由巴第摩爾雄馬隊畢特・瑞奇踢出來的。

　　球傳接得很好，鄧普西一腳全力踢在球身上，球筆直地前進。但是踢得夠遠嗎？六萬六千名球迷屏住氣觀看，接著終端得分線上的裁判舉起了雙手，表示得了 3 分，球在球門橫桿之上幾英寸的地方越過，湯姆一隊以 19 比 17 獲勝。球迷狂呼亂叫，為踢得最遠的一球而興奮，這是只有半隻腳和一隻畸形的手的球員踢出來的！

　　「真是難以相信。」有人大聲叫，但是鄧普西只是微笑。他想起他的父母，他們一直告訴他的是他能做什麼，而不是他不能做什麼。他之所以創造出這麼了不起的紀錄，正如他自己說的：「他們從來沒有告訴我，我有什麼不能做的。」永遠也不要消極地認定什麼事情是不可能的。首先你要認為你能，再去嘗試、再嘗試，最後你就會發現你確實能。

　　職業球員是如此，經營企業更是如此，日本「經營之神」松下幸之助也十分強調，要把「不可能」變為「可能」。他說：「一個人在面臨困難的時候，逃避不是辦法，只有鼓起勇氣予以克服才是最重要的。在這種情況下，往往能夠發揮出意想不到的智慧和潛力而獲得良好的成果。」

　　松下還向人們講述了這樣的一件事：1961 年，當時松下正好到松下通訊工業去，幹部們正在開會。松下問他們「今天開的什麼會？」有人苦著臉說：「豐田汽車要求大幅度

降價。」詳情是豐田要求自松下通訊購買的汽車收音機的價
錢，自即日起降低 5%，半年後再降 15%，總共降價 20%。
豐田做這種要求所持的理由是：面臨貿易自由化，與美國等
汽車業競爭的結果，日本車售價偏高，難以生存。

　　豐田為了降低售價提高競爭力，因此希望供應汽車收音
機的松下通訊工業也都降價 20%。當時的日本並不像今天
一樣能夠製造又好又便宜的車子，那時候的情況的確是非常
艱苦。

　　在了解情況之後，松下問：

　　「目前我們的利潤如何？」

　　「大約只賺 3% 而已。」

　　「才這麼一點？ 3% 實在少了一些。在這種情況下還要降
20%，那怎麼得了！」

　　「就是因為這樣大家才開會研究。」

　　會議是要開的，不過松下想這個問題恐怕沒有那麼容易
解決。目前也不過才賺 3%，如果再降 20%，那豈不是要虧
17%？就一般常識而言，這種生意還能做嗎？

　　固然松下通訊也可以一口回絕豐田汽車的要求，而且大
多數人也很可能這麼做。然而如果情況特殊，讓價 20% 是否
仍值得考慮呢？假如光想著「這怎麼可能？」的話，松下認
為還是有欠思考。所以松下先拋開一般的這種想法而站在豐

田的立場仔細來看這個問題。松下想,假如豐田換成松下電器的話,在面臨自由化的情況下說不定也一樣會提出這種要求吧!

雖說松下電器聽到了這樣的要求不免大吃一驚,然而豐田本身必然也為如何才能降低成本以及謀求發展而大傷腦筋。因此,雖然就減價的幅度本身而言,的確是過分了一點,但松下電器也要審慎地考慮到如何才可以降價去配合豐田的要求。

方法還是有的,但想法卻必須要改變。照現在設計的產品要降低 20%事實上是絕不可能的事情,因此非有新的想法不可,所以松下就指示大家說:「在效能不可以降低、設計必須考慮對方需求這兩個先決條件下,大家不妨設法全面更新設計。最好是不僅能夠降低成本 20%,而且還要有一點適當利潤才可以。

「在大家完成新設計之前,虧本也是無可奈何的事情。這不光只是為了降價給豐田,而且還關係到整個日本產業的維持及發展問題,無論如何是非做不可的,希望諸位能夠努力完成任務。」

一年後,松下又問到有關這件事情進行的情況,結果松下通訊不僅做到了如豐田所希望的價格,而且還能獲得適當的利潤。這可以說是因大幅度降價壓力而激發出來的一次成

功的產品革命。松下想,這才是一種正確經營事業的態度。由此,松下總結道:「不管是經營事業也好,做其他事情也好,只要是抱著『這根本不可能辦到』的想法,我想任何事情永遠都不會成功。反之,碰到事情總是『應該可以辦到,問題只是要如何去做而已』,這樣想的話,很多困難的工作乍看似乎不大可能辦到,結果卻居然也做成功了。」世界上有不少事情都是因為個人的努力不懈才獲得良好成果的。因此,每當你要下決心做事情的時候,就應堅持將「不可能」變為「可能」的信念。

6 　堅定不移，戰勝挫折 ▶

　　人天生就有進取心這種內在動力，進取心在這裡的一般
意義主要指在你的生活中，無論目標是什麼，你都應該把你
的目標不斷向前推。也就是說你的生活目的是沒有界限的，
而真正的界限卻是：你是繼續前進，還是停滯不前，甚至放
棄。所以問題的關鍵在於你是否保持著你的進取心。

　　一位電臺播音員在她的30年職業生涯中曾遭辭退18次，
可是她堅定不移地追求自己的信念，終於獲得成功。這位播
音員就是莎利‧拉斐爾。

　　如今，莎莉‧拉斐爾已成為自辦電視節目主持人，曾經
兩度獲獎。在美國、加拿大和英國，每天有800萬觀眾收看
這個節目。她深情地回憶說：「我遭人辭退了18次，本來
大有可能被這些遭遇所嚇退的，做不成我想做的事情。」她
說，「結果相反，我讓它們鞭策我勇往直前。」

　　堅強的毅力，來源於對遠大目標的執著、渴望和對自
己克服困難、戰勝逆境的信心。大部分人都喜歡直線，不喜
歡走曲線，但是現實環境有時要求我們遭受挫折，走一段彎
路，這時候，就要求我們鼓起勇氣，不要氣餒，不要中途自

暴自棄，過程的曲折並不代表失敗，只要我們繼續不斷地努力，用百折不撓的精神向前進，終會有擺脫逆境困擾的一天。

在逆境中堅持奮鬥，關鍵還在於準確判斷形勢，懷有「雨後必天晴的信念」。

日本海運霸主巖崎彌太郎在明治初年經營來往東京、大阪、神戶間的海路運輸。但在明治五年，又成立了一家「郵政蒸汽車公司」。兩家公司進行了激烈競爭，由於對方是三井財團的企業，實為官民合營性質，受到官方保護，又有大量資金，因而不惜降低運費，甚至免費運送旅客，目的就是將對手巖崎公司搞垮。

當時海運業收益微薄，實在難以進行長期赤字經營，但彌太郎拚死應戰，因為他深知海運業在目前的收益率不高，但總是國家經濟命脈，將來必然有蓬勃發展的希望。因此雖然經營上瀕臨破產，可是還是慘淡經營苦撐下去。終於，海運業開始大舉發展，巖崎公司度過難關，又經數年經營，終於鞏固了其在海運業歸然不動的地位。

在事物發展的道路上，總有一些轉折點，面臨這種突破之前，往往是最困難、艱鉅的時刻，這種時刻，我們一定要判斷形勢，確定方向，無論情況多麼嚴峻，也決不輕易放棄，因為只要堅持到突破瓶頸，轉折處就會出現「山重水複疑無路，柳暗花明又一村」的奇景。

▉ 7　危機面前，反敗為勝 ▶

　　美國學者丹尼斯·韋特利對中國的「危機」一詞，推崇備至。他認為，中國人把危險和時機並列，揭示了非常深刻的人生哲理，反映了中國這個古老民族的智慧。路易斯安娜購物展覽會於 1904 年在聖路易市和奧林匹克運動會一起舉行。在展覽會的眾多攤位中，有一個男子租了一個攤位賣冰淇淋，另有一名男子則租了一個攤位賣熱雞蛋餅，博覽會舉行期間，遊客人潮洶湧，賣冰淇淋和雞蛋餅兩個攤位的生意都好得不得了。有一天，生意特別好，雞蛋餅攤位的紙盤子用完了 —— 老闆都是用紙盤子盛著雞蛋餅加上三種不同的配料，賣給顧客的。但是，他發現，整個博覽會場裡，竟然沒有人願意把紙盤子賣給他，因為其他人都擔心他會拉走他們的一些顧客。

　　冰淇淋攤位老闆對其同伴的困境，似乎感到很高興，他說：「我看，你最好來幫我賣冰淇淋。」

　　雞蛋餅老闆認真考慮了這項建議，他試著不用盤子裝，而把雞蛋餅直接賣給顧客，結果糖醬全流到客人的袖子上去了，弄得顧客大為生氣。他同意以折扣價格向冰淇淋攤位買

進冰淇淋，然後轉手賣出去。

雞蛋餅老闆希望以出售冰淇淋的利潤來彌補一部分損失，他最大的問題是要如何處理那些剩下的雞蛋餅原料。突然間，靈光一閃，他想出一條妙計。

第二天，在妻子的協助下，他在家中做了 1,000 個雞蛋餅，並用一塊鐵片把它們壓扁。然後，趁著雞蛋餅還熱的時候，他把這些餅片捲成圓錐狀，底部有個尖端，把冰淇淋裝在雞蛋餅裡賣，雞蛋餅成了可以吃的冰淇淋容器。沒想到的是，次日中午之前，他就把冰淇淋全部賣光了，1,000 張雞蛋餅也全賣光了。由於他得不到紙盤子所帶來的危機，結果反而使他發明了「冰淇淋甜筒」。要應付事業上的變化，在事業上取得成功，最好的方法就是把危機看成是機會，把道路上的絆腳石當做起跑的踏腳石。

培養在危機面前靈活應變的能力，首先要發展壓力下的適應能力。成功的人都有堅強的心理力量，他們在危機到來時，決不會輕易地選擇退卻，而是運用各種方法主動出擊，尋找取勝的機會。1980 年，太平洋西北部的一個火山再度復活，將岩漿噴灑到四周的村落與城鎮去：森林被燒毀了，河流阻塞了，野生動物死光了，風景區破壞了，空氣汙染了……

但是一些受害者反而捉住時機，憑火山爆發而賺了一大

筆錢。火山爆發後的第一個星期之內，共賣出了 100 萬個以
小塑膠袋裝的火山灰，每一袋賣一美元。當地每一個人都想
買一袋，送給住在其他城市的朋友或親戚或是自己留作紀
念。而實際上，這些「所謂」的火山灰大都取自商人家中壁
爐的灰燼。德克薩斯州一位出版商出版了彩色精印的火山爆
發紀念照片，共賺了將近 100 萬美元。解決危機的能力實際
就是一種主動適應環境的能力，世界上絕對的逆境是不存在
的，各種環境條件都有它自己的可取之處。如果我們只對自
己的主觀計畫感興趣，去尋找完全適合理想的條件、機遇，
那麼，生活看起來一定一片黯淡，充滿了阻礙和危險。如果
我們能根據具體條件設計努力的方向，就可以尋找出危機中
的機會而避開其「危險」。

　　文學家韋爾斯小時候在嬉戲時跌傷了一條腿，痛苦地在
床上躺了好幾個月，可是韋爾斯卻認為，幼年摔傷是最幸運
的，並且和他一生的成就都大有關係。因為，自從摔傷腿以
後，他有一年時間不能出門，為了解除寂寞，只有讀書。因
此，他對書本產生了興趣，也開始喜愛文學，一生完成了 80
多部著作，摔傷腿竟是他一生中的一大轉機。

　　俄國的魯里耶夫因病在家休養，由於無事可做，便坐在
窗邊看街景。一連幾天，他發現從街上走過的許多馬都是白
腳，連黑馬的腳也差不多都是白色的，於是，他深入分析這

個問題得出一個結論：動物身上白斑的分布，和其生活環境有關，經常摩擦的部位最容易出現白斑，魯里耶夫發表了一篇科學論文，叫做〈由於無事可做〉，提出了達爾文發表進化論之前的生物進化思想。

種種事例，舉不勝舉，都告訴我們一個道理：危機不可怕，困境不可怕，只要你以積極樂觀的態度去對待生活，機遇就會出現在你面前。

8　失敗之後，東山再起 ▶

　　美國商界流傳著這樣一句話：一個人如果從未破產過，
那他只是個小人物，如果破產過一次，他很可能是個失敗
者，如果破產過三次，那他就可以無往而不勝。

　　「勝者為王，敗者為寇」，似乎是千古不變的真理，但實
際上，失敗往往是勝利的開端，當我們遇到小挫折時，我們
能非常理智地對待：吸取經驗，重新開始。但當大的挫折降
臨到我們頭上時，我們就往往會驚惶失措，甚至從此一蹶不
振。事實上，失敗的經歷不僅是非常寶貴的經驗，而且會為
你增添新的前進動力，善於利用失敗者不僅能捲土重來，而
且可以更上一層樓。

　　失敗是最寶貴的財富之一，它為我們提供了獨特的學習
機會。成功固然可喜，但失敗中才能更清晰地反映出我們身
上的弱點。

　　失敗也是磨練意志、培養堅強品格的寶貴時機。人的惰
性使我們逃避風浪，遠離挫折，結果，在人生最重要的時
刻，我們往往因缺乏錘鍊而敗下陣來，而失敗則為我們提供
了鍛鍊意志的寶貴時機。

　　失敗交給我們選擇權，一位評論家如此看待艾柯卡和福特
家族的恩恩怨怨。福特開除了艾柯卡，同時也造就了艾柯卡，
否則的話，他會因在福特總經理寶座上坐得太久而腐爛。確
實，如果不是這次失敗，艾柯卡最多只是以一位優秀管理者的
身份載入史冊，而不是身為「美國最出色的企業家」。

　　因此，失敗不可怕，失敗之後不能將自己的經驗昇華，
使它在你生命中具有新的價值，這才是最可怕的。

　　從失敗中吸取教訓，重新塑造自己，包括四個階段：

1. 找出失敗原因

　　美國學者海厄特將失敗的原因分為九大類，以此為基本
模式可以幫助我們更全面地分析自己。

1. 缺乏交際才能。許多人因為「辦公室政治」而失敗，當
   抱怨自己被人「暗算」時，你應該認真地反省一下，你
   是否缺乏交際才能，交際才能包括「待人不要淡漠」、
   「善於聽取話中之話」、「善於提出和接受批評」、「情緒
   要穩定」。

2. 不吻合。最大的成功要求個人的能力、個性、風格和價
   值觀與工作環境的文化相吻合，由於個性、價值觀念而
   影響事業的情況不勝列舉。「不吻合」可大體分為三種：
   「環境不吻合」、「價值系統不吻合」、「合作者不吻合」。

3. 不敢全力以赴。有人害怕失敗，失敗的陰影總是籠罩著他們，所以從不捨身冒險，其實這樣反而增大失敗的可能性。產生這種情況的根本原因是缺乏自信，要想成功，心目中首先要有一個成功的自己，這個內心形象能激勵你去闖自己的路。

4. 壞運氣。不能否認，厄運降臨，有時確實沒有任何理由的，只要你不把這一條作為自己失敗的藉口。

5. 自毀行為。許多人明知自己的某種表現會導致失敗，卻控制不住自己，一犯再犯。表面上看，這種行為只是一個人的「壞習慣」，而在多數情況下，自毀行為的背後都隱藏著一些心理因素：他們害怕為成功而努力，想以「自毀」作為退卻的藉口，消滅自毀行為首先要認識它，正視它的心理動機。

6. 過於分散，難以集中。這是很多聰明人致命的弱點，他們大起大落，做了許多事，結果一件也沒做好。這也是冒險家常犯的毛病，他們一旦成功後，就以為自己可以點石成金，往往不做準備，盲目出擊，招致失敗。

7. 性別歧視，年齡歧視。性別、年齡歧視往往是失敗的原因，而且作為犧牲品，個人往往無能為力。但是，你可以意識、預見這個問題，主動採取措施避免它。

8. 管理不善。人們都是從一個具體環節開始他們的事業的，但是，取得成就的人最終會升到一個需要管理別人的位置，關鍵是要能及時意識到這種轉變。或者拒絕它，請別人代為管理，或者進行學習，了解該如何管理他人。因此而失敗的人大多數是沒有及時調整自己，仍然用習慣了的技術工作的方式進行管理工作。

9. 踟躕不前。你明知應該行動，卻邁不開步伐。你或許感到自己將被提拔，或許感到情況會惡化，理智告訴你必須改變自己，而你卻不能，這是許多失敗者的弱點。踟躕不前意味著讓環境操縱你的事業，解決的辦法是具有明確的目標並勇於承擔風險。

2. 重新審視自己的過去

找出自己失敗的原因只是第一步，也是我們從失敗中學習到的最基本的東西。而失敗能為我們帶來的最大轉機，是它賦予了我們一個重新進行選擇、重新塑造自己的機會。

失敗是對事件的評判，從某種意義上說，是你自己、社會和他人對結果的一種解釋。在你從失敗中汲取力量，重新駕馭自己的生活時，不僅要學會客觀地尋找失敗原因，尤其重要的是，要用積極的眼光看待過去，從中尋找成功的種子。

一位著名的網球運動員談及失敗時說：「不知怎麼，在

我們心中輸的感覺都比贏的感覺更強烈。」任何一名運動員都明白這點，都必須搏擊這種情緒。你可能打了 10 個好球，漏失了最後一個，結果你記住的不是那 10 個好球，而是最後一個，當時的情形在你腦海裡反覆顯現，心中也就越記越牢。我們都這樣把輸看得比贏更重。訣竅是重新調整心中的事件，賦予它們同等重要的機會。

美國一位著名的報紙發行人艾麗克西曾經歷了幾年失敗。她決定創辦一個全國性雜誌增刊，專門討論健康與環境的問題，為此她花掉了所有的積蓄，耗費了多年的心血，得到的卻是無休止的挫折，正在她處於困難境地，設法解決下一個問題的時候，一家大報社提出願意考慮她的設想，並提供大規模資助。這個消息令她欣喜萬分。但是，報社董事們研究了她兩次雜誌的樣本，多次與她會晤，經過多方考慮，還是沒有接受她。

艾麗克西不僅承受了這次失敗，而且感謝報社董事們，是他們幫助她進行了一次艱難的選擇，她認為：

「當那扇門關上時，一切都非常清爽，沒有沮喪，因為我確信這是最佳機會，既然沒有談成功，我再也不抱希望在兩三個月內實現夢想了。」

「為了成功，我盡了全力，我根本不把它看作失敗，只是心中感到，辦雜誌的事就此結束了。」

她開始寫求職簡歷，結果否定了她的雜誌的那家報社任命她為專管銷售和交際的副總裁。他們意識到：她具有罕見的熱情和洞察力。他們雖然不要她的雜誌，卻要她本人。

她並不將花在辦雜誌上的兩年視為失敗：

「我認為那兩年相當於運動員用於訓練的時間。我成了一個堅強的人，我不把事情都看做障礙。」

「沒有收入的時候，頭腦中儲存著想像中的成功，這使我擴大了交際範圍，接觸了許多人。回想起來，我那時學到的每一點都為我今天從事這項新工作奠定了基礎。」

用最好的意願去揣度一切，這種方法確實行之有效。在任何時候都努力促使「正面結果」的產生是利用失敗的最有效的工具。

3. 重新定義事業目標

人生是個不斷探索的過程，失敗有時並不是由於你的能力、學識的不足，而是由於你錯誤地選擇了目標，而失敗正是給了你一個重新思考、從錯誤中解脫的良機。

美國著名的不動產經紀人安德魯最初是葡萄酒推銷員，這是他的第一份工作，他不知道還能做什麼，於是他認為自己的目標就是「賣葡萄酒」。最初他為一個賣葡萄酒的朋友工作，接著為一名葡萄酒進口商工作，最後和另外兩個人合作做起了自己的進口業務。這並非出自熱情，而是因為，正

如他自己所說：「為什麼不？我過去一直在賣葡萄酒。」

生意越來越糟，可是安德魯還是拚命抓住最後一根稻草，直到公司倒閉。他不改行，是因為他不知道還能做什麼。

事業的失敗迫使他去上一門教人們如何開業的課，他的同學有銀行家、藝術家、修車工人，他逐漸意識到這些人並不認為他是個「賣葡萄酒」的，而認為他是個「有才能的人」、「多面手」，他們對他的看法使他拋棄了原來的目標。

他猛然醒悟，仔細分析，探索其他行業，檢查自己到底想做什麼。最後，他選擇了和妻子一起開展不動產業務，使他取得了推銷葡萄酒永遠不能為他帶來的成功。

許多職業專家認為，一個人一生中至少要經過兩三次變換，才能最後找到最適合自己特長的事業。確定自己合理的目標，則需要同樣長的一段時間。

生活往往假失敗之手，迫使你進行這一次次的探索和調整。

4. 擴大選擇範圍，掙脫羈絆

失敗將我們推到一個轉折關頭，我們的任務是做出下一步的打算。如果仍然以過去的思想來看待將來，完成這一任務將是無比困難的，探索未知世界需要的是創新的思想，即運用嶄新的思維方式去發現選擇的機會，擴大你的選擇範圍，獲得進行新的選擇的機會。可以採用以下方式：

　　①循環利用你的才能。許多人將工作視為一項固定的、不可轉移的東西，就像一件搬不動的沉重傢俱。其實，你過去的工作是多項技能和多種經驗的總結，可以在其他地方進行組合，重新加以利用。

　　20世紀福克斯公司的製片人里爾失業後，確信自己的事業從此結束了，因為他認為拍電影是自己唯一能做的事業。一天，里爾偶然碰到一位老同事，這位朋友認真地為他進行了分析：「你有很多本事，首先，你這麼多年來一直在向總部的傢伙們出售電影計畫，你是個了不起的推銷員。而且，你總能為自己的電影寫出最佳廣告，在緊要關頭，進行宣傳寫作，你有作家的能力。除此之外，身為優秀製片人，你有出色的組織能力。」如今，里爾成了一名優秀的電影宣傳作家。

　　②變娛樂為職業。大部分人都將工作視為嚴肅的事情，進行事業選擇時，往往忽視樂趣、嗜好、消遣。實際上，工作應該是一種創造性娛樂，如果你覺得自己在業餘愛好上富有創造性，那麼，失敗其實給了你這樣一個機會：試著將你的愛好與事業結合起來。

　　③自己創業。一個人在生死關頭最能發揮自己的潛力。在事業失敗時，放棄所有顧慮，放手一搏，反而可能成為偉大事業成就的契機。

▌ 9　不斷進取造就的成功人生　▶

　　已故的威廉・波里索，也就是《十二個以人力勝天的人》一書的作者，曾經這樣說過：「生命中最重要的一件事就是不要把你的收入拿來算做資本。任何一個傻子都會這樣做，但真正重要的事是要從你的損失裡獲利。這就需要有才智才行，而這一點也正是一個聰明人和一個傻子的實在區別。」

　　波里索說這段話的時候，剛在一次火車失事中摔斷了一條腿。卡內基認識一個斷掉兩條腿的人，也是一位從不幸中頑強崛起的好漢。他的名字叫班・符特生。卡內基是在喬治亞州大西洋城一家旅館的電梯裡碰到他的。在卡內基踏入電梯的時候，注意到這個看上去非常開心的人，兩條腿都斷了，坐在一張放在電梯角落裡的輪椅上。當電梯停在他要去的那一層樓時，他很開心地問卡內基是否可以往旁邊讓一下，讓他轉動他的椅子。「真對不起，」他說，「這樣麻煩你。」—— 他說這話的時候臉上露出一種非常溫暖的微笑。

　　當卡內基離開電梯回到房間之後，除了想起這個很開心的跛子，其他別的事情都不能思考。於是去找他，請他說說他的故事。

「事情發生在 1929 年，」他微笑地告訴卡內基，「我砍了一大堆胡桃木的枝幹，準備做菜園裡豆子的撐架。我把那些胡桃木枝幹裝在我的福特車上，開車回家。突然間，一根樹枝滑到車上，卡在引擎裡，恰好是在車子急轉彎的時候。車子衝出馬路外，我撞在樹上。我的脊椎受了傷，兩條腿都麻痺了。」

「出事的那年我才 24 歲，從那以後就再也沒有走過一步路。」

才 24 歲，就被判終身坐著輪椅生活。卡內基問他怎麼能夠這樣勇敢地接受這個事實，他說：「我以前並不能這樣。」他說他當時充滿了憤恨和難過，抱怨他的命運。可是時間仍一年年過去，他終於發現憤恨使他什麼也做不成，只會產生對別人的惡劣態度。「我終於了解，」他說，「大家都對我很好，很有禮貌，所以我至少應該做到的是，對別人也有禮貌。」

卡內基問他，經過了這麼多年以後，他是否還覺得他所碰到的那一次意外是一次很可怕的不幸？他很快地說：「不會了，」他說，「我現在幾乎很慶幸有過那一次事情。」他告訴卡內基，當他克服了當時的震驚和悔恨之後，就開始生活在一個完全不同的世界裡。他開始看書，對好的文學作品產生了喜愛。他說，在 14 年裡，至少讀了 1,400 多本書，這些書為他帶來嶄新的境界，使他的生活比他以前所想到的更為

豐富。他開始聆聽很多音樂，以前讓他覺得煩悶的偉大的交響曲，現在都能使他非常的感動。可是最大的改變是，他現在有時間去思考。「有生以來第一次，」他說，「我能讓自己仔細地看看這個世界，有了真正的價值觀念。我開始了解，以往我所追求的事情，大部分實際上一點價值也沒有。」

看書的結果，使他對政治有了興趣。他研究公共問題，坐著他的輪椅去發表演說，由此認識了很多人，很多人也由此認識他。後來，班・符特生 —— 仍然坐著輪椅 —— 成了喬治亞州政府的祕書長。

卡內基在紐約市辦成人教育班時，發現很多成年人最後的遺憾是，他們從來沒有上過大學，他們似乎認為沒有接受大學教育是一個很大的缺陷。卡內基知道這話不一定對，因為有成千上萬很成功的人，連中學都還沒有畢業。所以他常常對這些學生講一個他認識的人的故事，那個人甚至連小學都沒有畢業。他家裡非常窮苦，當他父親過世的時候，還得靠他父親的朋友們募捐，才把他父親埋葬了。父親死後，他母親在一家製傘的工廠裡做事，一天工作 10 個小時，還要帶一些工作回家做到晚上 11 點。

在這種環境之下長大的這個男孩子，曾參加當地教堂舉辦的一次業餘戲劇演出活動。演出時他覺得非常過癮，因而他決定去學演講。這種能力又引導他進入政界。30 歲的時候，

他就當選為紐約州的議員，可是他對這項責任卻一點準備也沒有。事實上，他甚至不知道這是怎麼回事。他研究那些要他投票表決的既冗長又複雜的法案──可是對他來說，這些法案就好像是用印地安文字所寫的一樣。在他當選為森林問題委員會的委員時，他覺得既驚異又擔心，因為他從來沒有進過森林一步；當他當選州議會金融委員會的委員時，他也很驚異而擔心，因為他甚至不曾在銀行裡開過戶頭。他當時緊張得幾乎想從議會裡辭職，只是他羞於向他的母親承認他的失敗。在絕望之中，他下決心每天苦讀 16 個小時，充實學識。這樣努力的結果，使他自己從一個當地的小政治家變成一個全國的知名人物，而且《紐約時報》也稱呼他為「紐約最受歡迎的市民」。

這就是阿爾·史密斯。

當阿爾·史密斯開始他那自我教育和政治課程 10 年之後，他成為對紐約州政府一切事務最有權威的人。他曾 4 度當選為紐約州長，這是一個空前絕後的紀錄。1918 年，他成為民主黨總統候選人，有 6 所大學──包括哥倫比亞和哈佛──把名譽學位贈給這個甚至連小學都沒有畢業的人。

阿爾·史密斯親口告訴卡內基，如果他當年沒有一天工作 16 個小時，化負為正的話，所有這些事情都不可能發生。

尼采對超人的定義是：「不僅是在必要情況之下忍受一切，而且還要喜愛這種情況。」

五、熱忱是推動成功的巨大能力

■ 1　熱忱是成功的動力　▶

　　熱忱是一股力量，它和信心一起將逆境、失敗和暫時的挫折轉變成為行動。然而此一變化的關鍵，在於你控制思維的能力，因為稍一不慎，你的思緒就會從積極轉變成為消極。藉著控制熱忱，你可以將任何消極表現和教訓轉變成積極表現和經驗。

　　熱忱可以使人成功，使人解決似乎難以解決的難題。所以，沒有熱忱就不會成功，很多活生生的例子說明了這一點。

　　「十分錢連鎖商店」的創辦人查爾斯‧華爾渥滋說過：「只有對工作毫無熱忱的人才會到處碰壁。」查爾斯‧史考伯則說：「對任何事都沒有熱忱的人，做任何事都不會成功。」

　　當然，這是不能一概而論的，譬如一個對音樂毫無才氣的人，不論如何熱忱和努力，都不可能變成一位音樂界的名家。但凡是具有必需的才氣，有著可能實現的目標，並且具有極大熱忱的人，做任何事都會有所收穫，不論物質上或精神上都是一樣。

即使需要高度技術的專業工作，也需要這種熱忱。愛德華・亞皮爾頓，是一位偉大的物理學家，曾協助發明雷達和無線電報，也獲得了諾貝爾獎。時代雜誌引用過他一句具有啟發性的話：「我認為，一個人想在科學研究上有所成就，熱忱的態度遠比專門知識來得重要」。

熱忱的態度，是做任何事必需的條件。我們都應該深信此點。任何人，只要具備這個條件，都能獲得成功。他的事業，必會飛黃騰達。

具有熱忱的精神是成功者的特徵，凡是有作為的青年都是那些做事不肯安於「尚可」、「差不多」的人，他們總是對自己的工作抱著徹底完美的願望，透過千錘百鍊地努力，在平凡的崗位上造就出一件件令人讚嘆不已、賞心悅目的精品，從而贏得成功的青睞。

■ 2　熱忱的作用勝過才幹　▶

可能有的人會覺得奇怪，熱忱真比才幹更重要嗎？沒有才幹的人究竟能做什麼？其實，只要我們稍作分析便會明白其中道理。一個有才幹的人，如果沒有熱忱，他會什麼事都做不好，做不成。而一個充滿熱忱的人，卻能做好他力所能及的每一件事。

無獨有偶，被稱作「經營之神」的松下幸之助就十分重視熱忱的作用。他常說：熱忱勝過才幹。

松下認為：任何工作的負責人，必須有比別人更大的工作熱忱。因為有熱忱，才能接納部屬的提案，只要部屬對業務提出問題，心裡會覺得很高興，因為注意到了細微的問題，才能把工作做得更好。

如果沒有熱忱，聽到部屬的報告，反而會覺得「哼，神氣什麼！」這麼一來，不但你自己，連你的部屬也會滿心不高興，「算了，得過且過就好了。」除非特別有責任感，否則一般人都會馬虎了事。

這種熱忱，實際上也在幫助他人努力進步。

　　責任感強烈的人越多，公司就越有發展可能。不論你有多高的才能，有多少的知識，如果缺乏「熱忱」，那就等於是紙上談兵，一事無成。可是如果智慧稍差，才能平庸，但是卻認真奮鬥、滿腹熱忱，所謂「勤能補拙」，一定能產生很好的業績。

■ 3 熱忱是助你成功之神 ▶

一個人成功的因素很多，而居於這些因素之首的就是熱忱。

熱忱是出自內心的興奮，散布充滿到整個的為人。英文中的「熱忱」這個字是由兩個希臘字根組成的，一個是「內」，一個是「神」。事實上一個熱忱的人，等於是有神在他的內心裡。熱忱也就是內心裡的光輝——一種炙熱的、精神的特質深存一個人的內心。

個人、團體、體育團隊、公司和整個社群能培養出熱忱，其報償必然是積極的行動、成功和快樂幸福。這可以從體育比賽中看出來，美式足球史上最偉大的教練之一是溫士·龍哈迪。皮爾博士在他的《熱忱——它能為你做什麼？》這本小書中，寫出這麼一個故事：「龍哈迪到達綠灣的時候，他面對的是一支屢遭敗績而失去鬥志的球隊。他站在他們前面，靜靜地看著他們，過了一段很長的時間之後，他以沉靜但是很有力量的聲音說：『各位，我們就要有一支偉大的球隊，我們要戰無不勝，聽到了沒有？你們要學習阻擋，你們要學習奔跑，你們要學習攔截。你們要勝過你們對

抗的球隊，聽到了沒有？』

「『如何做到呢？』他繼續說，『你們要相信我，你們要熱衷我的方法。一切的祕訣就在這裡（他敲著自己的印堂）。從此以後，我要你們只想三件事：你的家、你的宗教和綠灣包裝工隊，就按照這個次序 —— 讓熱忱充滿你們全身！』

「隊員都從他們的椅子上坐正。『我走出會議室，』寫下他的感覺，『覺得雄心萬丈。』那一年中他打贏了 7 場 ——球員還是去年的球員，但是去年卻敗了 10 場。第二年他們贏得區冠軍，第三年更贏得了世界冠軍。怎麼會呢？原因不只是球員的辛苦學習、技巧和對運動的喜愛，還有熱忱才會造成這樣的不同。」

皮爾繼續寫著：「發生在綠灣包裝工隊身上的情形，也可以發生在教室、公司、國家或一個人身上。頭腦想什麼，結果就會是什麼。一個人真的充滿了熱忱，你就可以從他的眼神，從他勤快、感動人心而受人喜愛的為人中看得出來，你也可以從他的步伐中看得出來，你還可以從他全身的活力看得出來。熱忱可以改變一個人對他人、對工作以及對全世界的態度。熱忱使得一個人更加喜愛人生。」紐約中央鐵路公司前總經理佛瑞德瑞克‧魏廉生說過這樣的一句話：「我愈老愈加確定熱忱是成功的祕訣。成功的人和失敗的人在技術、能力和智慧上的差別通常並不很大，但是如果兩個人各

方面都差不多，具有熱忱的人將更能得償所願。一個人能力不足，但是具有熱忱，通常必會勝過能力高強，但是欠缺熱忱的人。」

熱忱不可以只是表面工夫，必須發自一個人的內心，要假裝也不可能持續得多久的。產生持久的熱忱的方法之一是訂出一個目標，努力工作去達到這個目標，而在達到這個目標之後，再訂出另一個目標，再努力去達成。這樣做可以提供興奮和挑戰，如此就可以幫助一個人維持熱忱於不墜。

不但如此，熱忱還可以鞭策一個人從渾噩中奮起做事。旅館大王希爾頓就是因為善用熱忱而成為幾乎與英國女王齊名的人物。

仔細瞧瞧希爾頓的言行舉止，使人想到「企業即是人」的同感。

希爾頓公司的口號是「以國際貿易與旅遊促進世界和平」。希爾頓的每一間旅館宛如「迷你美國的代表」，成為國際親善的使者。這是他最為強調的原則。

康拉德‧尼柯爾森‧希爾頓在德克薩斯州的絲斯哥首次經營一家名叫莫布雷的旅館時只有 31 歲。

當時，他變賣家產共得 5,000 元美金，很謹慎小心地帶在身邊隻身前往德州。最初他想從事「銀行業」，其實是金幣買賣。因為 5,000 元美金，在當時足可買下一家銀行，但

他卻買下一座叫莫布雷的小旅館，從此踏出經營旅館業的第一步。

希爾頓成功的祕訣是：首先，他熱衷於旅館業。其次，他對旅館業就像經營「企業」一樣有相當明確的觀念。當然，盡量吸收顧客住宿以賺取利潤也是他全力以赴的工作。而且他還把旅館業當作一種不動產業。倒閉的旅館，他會以極低廉的價錢買下來，把建築物加以豪華的裝修，待經營好轉，一有機會他再以買價的數倍價錢賣出去，以擴大儲蓄、壯大資金。

年輕時候的希爾頓就對恐慌毫不在乎，另一方面又具有幽默的氣質。在故鄉新墨西哥州和父親曾經買下一個小銀行，這個銀行結果沒成功，但並沒影響他這個「副總經理」把印刷得非常精美的名片，一邊在街上行走，一邊分發給路人：

「康拉德·N·希爾頓。熱情的創業者，愛情的經紀人，親愛的創始人，接吻擁抱是頂尖的天下第一高手。」

下午 6 時一到，他就放下一切工作，然後盡興地恣情玩樂（特別是跳舞）與休閒。他有格外豪放的性格，常被他人當作笑柄。聽說他所喜歡的舞伴是經過醫生推薦的。他的原則是如果沒有年輕的女郎做伴，他就決不跳舞，他經常帶著幽默與風流出入舞廳。

　　仔細瞧瞧這位希爾頓的言行舉止，使人產生「企業即是人」的同感。不過，當利害攸關之際，他卻會搖身一變像個魔鬼一般，平常的可愛或幽默都收斂下來，決不像花花公子或沉迷於嗜好的人，他會冷靜地思考，並開始熱忱地工作。

　　在 1969 年，希爾頓連鎖旅館在美國國內有 33 家，海外 31 個國家有 42 家，共計 75 家。另外在美國國內有 8 家小型旅館，希爾頓信用卡公司一家，還有 5 家希爾頓預約中心。

　　所有這些關係企業，都在名叫康拉德‧希爾頓特殊公司的管轄之下，這間公司設在芝加哥。

　　與此並列的事業執行機構，便是一般人所周知的希爾頓旅館業公司與希爾頓旅館業國際公司，前者設在紐約的世界女神旅館內，是國內旅館中心的公司，後者則是海外事業中心。

　　這個時候的資本將近 4 億美元，旅館房間總數約 45,000，每夜有 4 萬人住宿，員工也將近 4 萬人，是世界最大的連鎖旅館業。到底為什麼希爾頓能如此拓展國內外的旅館生意呢？

　　希爾頓說道，人非抱持夢想不可。「人一定要有熱情」。他是這種人的佼佼者。然後為了實現這種「夢想」，他簡直不顧一切地拚命努力。另外，他具有超越這個時代的更具先見之明的直觀力。

4　熱忱讓人覺得每個人都很重要 ▶

　　每一個人，無論他在世界何處，無論他默默無聞或身世顯赫，文明或野蠻，年輕或年老，都有想成為重要人物的熱忱和願望。這種熱忱和願望是人類最強烈、最迫切的一種目標。

　　精明的廣告商都了解「人人都希望獲得名譽地位以及被人認可」。傑出的推銷廣告常常出現這一類的辭句：「精明的少婦都使用……」、「鑑賞力高超的人士都會使用……」、「想成為人人羨慕的對象就要使用……」、「專為那些被婦女羨慕、被男士欣賞的貴婦而準備的……」這些標題都在不斷告訴大家：購買這項產品就會進入上流社會，使你感到心滿意足，因此值得你去購買。

　　只要滿足別人的這項熱切的心願，使他們覺得自己重要，你很快就會步上成功的坦途。它的確是你「成功百寶箱」裡的一件寶貝。這種做法雖然不值分文，但懂得使用的人卻很少。

　　事實上，不管別人的身分、地位或薪水如何，都對你很重要，因為只要他們認為自己重要的話，他們會更賣力。一

名傑出的企業家，對人才的重要性是非常清楚的，也能夠以非常大的熱忱和容人之量來處理與人才之間的關係。因為他覺得每個員工，對他和企業來說，都非常重要，企業的大旗若沒有大家扛，遲早會落地。

蔣先生原來是某建築團隊的經理，懂技術，也能管理，算得上是一個能人。後來建築團隊在調整產業結構時被整併。

新主管為了讓蔣先生無後顧之憂，一開始便把公司第一副經理的交椅給了他。同時熱忱的主管也把話說在了前頭：「你是公司第一副經理，有職也有權，公司的事說了可以算數。但是有關財務、工程合約等等的簽字，還是只能經由我。當然，我是會和你討論的。」

開始倒沒什麼，一年之後矛盾來了。

建築團隊一整併，各方面的管理都按新主管的規定嚴格化、制度化了。原來一些混飯吃的人沒法再從蔣先生那裡占到便宜，閒話也就出來了。蔣先生也為此心煩。

主管早已看在眼裡，他深知蔣先生不善於在人際問題上周旋，對於他這種懂技術、施工內行，又曾經獨立率領過建築團隊的人，最好是直接管理工地。於是主管想讓他調職寧波。

誰料到主管還不曾開口，蔣先生卻先找上門來了。他很

乾脆地說：「明年我不做了。」這是在春節前，主管對此並不計較，只說了句：「過了年再說吧！」

過年的時候，主管叫了一輛車，邀請各級長官，一起去蔣先生的家。天下著大雪，路很不好走。當他們到了蔣先生的家時，蔣先生激動地說：「雪這麼大，你⋯⋯你還來了。」

主管用自己熱呼呼的手握住對方說：「我能不來嗎？」

接下去，主管熱情地挽留蔣先生留在公司，並表達了讓他管理寧波的計畫。幾位上級也在一旁幫著敲邊鼓。這喚起了蔣先生爽直的秉性，他痛快地說：「我去！」

可是臨到要走的時候，蔣先生突然又找到主管說決定不去了。

這使主管多少有些驚愕，也有些不快。但他還是穩定了一下自己的情緒，對蔣先生好言相勸。他坦率地勸告說，從薪資上考慮，去寧波要比在公司好得多。他完全是為蔣先生著想的，但是對方聽不進去。

主管不再勸說蔣先生了。他知道話在一個方面說盡了，就只好從另一個角度去說。他說：「你要是真不去，我也無所謂。道理上我已經講清楚了。我這麼做無非是顧及大局，而不是怕少了誰企業就完蛋，包括我在內。」

但是主管並沒有能夠說服蔣先生。他還是離開了，去了另一家建築公司。可是這家公司由於經營不善，嚴重虧損，

無法再經營下去。蔣先生只好另謀出路，想來想去還是想回到公司來。

在蔣先生回來時，主管迎了上去。蔣先生說：「我……回來了。」主管仍舊用他那熱呼呼的手，緊緊握住對方，說：「回來了好，回來了好！」

蔣先生說：「真不好意思。」

主管親熱地一拳打在對方肩上：「應該是我不好意思，你這個大能人，我都留不住你！」

蔣先生後來成為建築公司的副經理，前途看好，也將公司管理得井井有條，英雄有了用武之地。

以人為本並不是說只重視那些非凡的人才，它還意味著要重視任何一個人的作用，不管他是將軍，還是一名普普通通的士兵。

上述的建築行業，不僅需要大量傑出的建築人才，也需要成千上萬的建築工人。在該主管的經營理念中，員工就是企業的資產，為了讓這部分資產充分發揮作用，就必須關心每一位員工，重視每一位員工。

對部下，對職員，該主管總是抱持菩薩心腸。每到春節，他會囑咐人為回家過年的員工買些年貨，帶回家送給父母妻子；員工蓋房子，可以享受一定數量的平價建築材料；工人生病，部門主管必須親自登門探望；天災人禍，可向公

司申請補助；子女念高中，由公司出資開辦員工子弟班，一律免費；老員工的醫藥費百分之百報銷……

　　所有這些，都體現了主管對員工的熱忱和重視，體現了他以人為本的經營理念。正因為以人為本，他才得到了團隊員工的擁護，才換得了職員的敬業精神和企業良好的經濟效益。

5　熱忱是感染他人的老師 ▶

有人問卡內基，他是如何獲得成功的，他微笑著說：「我除了掌握了大量的知識和技巧以外，最重要的是，我熱愛我的聽眾。」

卡內基表現了他的熱忱。

熱忱是發自內心的激情，一個人身上熱情洋溢，那麼他就是有魅力的。

卡內基的成功來自熱情的追求，卡內基的課程也把熱忱作為最基本的一課。他用他的熱忱感染著他的學生。

卡內基很喜歡這樣一句名言：我愈老愈能感覺到熱情的感染力，成功的人和失敗的人在能力上差別並不大，但正是由於各方面條件相近，熱忱就顯得尤為重要了。熱忱的人有信心和勇氣去克服困難。

卡內基在他的備忘錄中這樣寫道：我說熱忱，是一種內在的精神本質，它深入到人的內心，任何不是發自內心的熱情，都是虛偽的表現……只要你充滿了對別人的愛，你就會興奮，你的眼睛，你的大腦，甚至你的靈魂都充滿了熱情，這種熱情可以感染別人，鼓舞別人。

卡內基是這樣說的，也是這樣講授他的課程的。

維利是一家公司的職員，雖然他是個精力充沛的人，卻無法讓人喜歡他。

為此，維利非常苦惱，所以他來向卡內基請教。

「卡內基先生，我在演講中也愛來點小幽默，雖然能引聽眾發笑，卻不能取得很好的效果，我該怎麼做呢？」

「問題就在這裡」，卡內基意味深長地說，「你應該表現出你的熱情，這樣你就可以得到好的效果了。如果你做不到這一點，你的那些小笑話只能讓人感到你很滑稽。不要再講你的小笑話了，拿出你的真誠和熱情來，你會成功的。真情比技巧更加管用，請記住這一點。」

維利在以後的演講中果然有了很大的進步和提升。

卡內基把這件事當作一個很好的例子運用在他的課堂當中，最後他總結道：「記得維也納著名心理學家阿爾弗雷德·阿德勒寫了一本書，書名叫做《哪種生活對你最有意義》。其中有一段話給我的影響很深。請記住這幾句話：『不關心別人的人在生活中遇到的困難最大，對別人造成的傷害也最大。正是這類人導致了人類的種種失敗。』」

■ 6 熱忱是溫暖他人的陽光 ▶

當你自己的意識因為受到熱忱的刺激而劇烈地振動時，這個振動將會自動記錄在相關的所有人的意識中，尤其是那些和你有過密切接觸的人。

如果你對自己所推銷的產品、提供的服務或是發表的演說產生熱忱，你的「意識狀態」將很明顯地被所有聽到你說話的人了解，他們可以透過你的語氣加以判斷。事實上，要使對方相信你，或使對方懷疑你，最主要的是你發表宣告時的語氣，而不是宣告的內容。

卡內基對他的一個學生說，「人的情感是很微妙的，你的情緒可以感染別人，當你熱情滿懷地對待別人時，對方的信心也會被激發起來。」

「有這樣一個例子，有一位名叫塞克斯的推銷員，他為麻薩諸塞州的詹森公司推銷產品。

他來到一家小商場，禮貌地向店員打了招呼以後，就與他們閒聊起來。

在閒聊中，他發現這家商場的條件很不錯，有利於推銷他的產品。

當他與商場經理交談時，那位經理明確地告訴他，如果這家商場進了他的貨，會造成一定損失的。

塞克斯做了很大的努力，無論怎樣曉之以理，動之以利，都不能使那經理改變想法。

塞克斯很沮喪，他垂頭喪氣地離開了那家商場，他開車在城裡轉了幾個小時，最後他決定再到那家商場裡去一趟，說明一下他的立場。

當他再一次來到那家商場時，那經理微笑著向他打招呼，並歡迎他回來，而且主動提出要訂一大批貨。

塞克斯驚呆了，他實在不明白到底是什麼讓那經理改變了主意。

當塞克斯要離開時，那經理告知了原因。因為塞克斯是向店員打招呼的少數推銷員之一，大多數的推銷員從來不理睬店員。而塞克斯又是唯一離開了商場又回來的，他的熱情打動了經理。」

卡內基在講授他的課程時，把他課堂上講的運用到了實際的生活中去。

當卡內基在布魯克林藝術與科學學院教授寫作課程時，為了能讓學生們更有效地學到實際的東西，所以他決定邀請一些名作家來講課。

卡內基很敬佩一些作家，他們有魯帕特·休斯、艾達·

塔布爾、范布林、范尼‧赫斯特等等。這些作家平時很忙。

在給作家們的邀請信裡，卡內基先稱讚了他們的品格和作品，然後用熱情洋溢的話語來請求他們的幫助。

當簽著 200 多位學生名字的信件發出以後，卡內基收到了這些作家的回信，信中說，儘管他們很忙 —— 本來抽不出空來的 —— 最後還是答應了卡內基的請求。

用同樣的方式，卡內基又說服了羅斯福內閣的財政部長萊斯利‧肖、塔夫脫內閣的司法部長喬治‧威克沙姆等一些知名人士來學校講課。

卡內基用他的實際行動教給了他的學生一個道理：真摯的熱情是最能打動人的。

■ 7　熱忱能化干戈為玉帛 ▶

塞繆爾·斯邁爾斯說：「熱忱是人類意識的主流，能夠促使一個人把知識付諸行動。」

「對一個有志於創業的人來說，熱忱就如同水對魚那般是不可缺少的。」

所有成功者都了解熱忱的心理，並以各種方式來應用這種心理，以協助其手下的人員達成更多的交易。

以銷售為例來說，幾乎所有的銷售機構皆定期舉行檢討會，目的在於鼓舞所有銷售人員的士氣，並經由群眾心理學的原則，把工作的熱忱灌注到這些銷售人員的心中。

這種銷售檢討會也許應該正確稱之為「復活」會議，因為它們的目的就是恢復銷售人員的興趣，引起他們的熱忱，使這些人員帶著新的野心與精力，重新踏上戰場，參加新的銷售大戰。休斯·查姆斯在擔任「國家收銀機公司」銷售經理期間，曾面臨了一種最為尷尬的情況，很可能因此使他及手下的數千名銷售員一起被「炒魷魚」。

該公司的財政發生了困難。這件事被在外頭負責推銷的銷售人員知道了，並因此失去了工作熱忱。銷售量開始下

跌，到後來，情況極為嚴重，銷售部門不得不召集全體銷售員開一次大會，在全美各地的銷售員皆被召去參加這次會議。

查姆斯先生主持了這次會議。

首先，他請手下幾位最佳銷售員站起來，要他們說明銷售量為何會下跌。這些推銷員在被喚到名字後，一一站起來，每個人都有一段最令人震驚的悲慘故事要向大家傾訴：商業不景氣、資金缺少、人們都希望等到總統大選揭曉之後再買東西等等。當第五個銷售員開始列舉使他無法達到平常銷售配額的種種困難情況時，查姆斯先生突然跳到一張桌子上，高舉雙手，要求大家肅靜，然後，他說道：「停止，我命令大會暫停 10 分鐘，讓我把我的皮鞋擦亮」。

然後，他命令坐在附近的一名黑人小工友把他的擦鞋工具箱拿來，並要這名工友替他把鞋擦亮，而他就站在桌上不動。

在場的銷售員都嚇呆了。他們有些人以為查姆斯先生突然發瘋了。他們之中開始彼此竊竊私語。在這同時，那位黑人小工友先擦亮他的一隻鞋子，然後又擦另一隻鞋子，他不慌不忙地擦著，表現出第一流的擦鞋技巧。

皮鞋擦完之後，查姆斯先生給了那位小工友一毛錢，然後開始發表他的演說。

「我希望你們每個人，」他說，「好好看看這個黑人小工友。他擁有在我們整個工廠及辦公室內擦皮鞋的特權。他的前任是位白人小男孩，年紀比他大得多，儘管公司每週補貼他 5 元的薪水，而且工廠裡有數千名員工，但他仍然無法從這個公司賺取足以維持他生活的費用。

「這位黑人小男孩不僅可以賺到相當不錯的收入，既不需要公司補貼薪水，每週還可存下一點錢來，而他和他前任的工作環境完全相同，也在同一家工廠內，工作的對象也完全相同。

「我現在問你們一個問題，那個白人小男孩拉不到更多的生意，是誰的錯？是他的錯，還是他的顧客的錯？」

那些銷售員不約而同大聲回答說：

「當然了，是那個小男孩的錯。」

「正是如此。」查姆斯回答說，「現在我要告訴你們，你們現在推銷收銀機和一年前的情況完全相同：同樣的地區、同樣的對象以及同樣的商業條件。但是，你們的銷售成績卻比不上一年前。這是誰的錯？是你們的錯？還是顧客的？」

同樣又傳來如雷般的回答：

「當然，是我們的錯。」

「我很高興，你們能坦率承認你們的錯。」查姆斯繼續說，「我現在要告訴你們，你們的錯誤在於，你們聽到了有

關本公司財務發生困難的謠言，這影響了你們的工作熱忱，因此，你們就不像以前那般努力了。只要你們回到自己的銷售地區，並保證在以後 30 天內，每人賣出 5 臺收銀機，那麼，本公司就不會再發生什麼財務危機了，以後再賣出的，都是淨賺的。你們願意這樣做嗎？」

大家都說願意，後來果然辦到了。

這個事件記錄在「國家收銀機」公司的歷史上，名稱就叫〈休斯・查姆斯的百萬美元擦鞋〉。因為這件事扭轉了該公司的逆境，價值 100 萬美元。熱忱是永不失敗的，懂得如何使派出的銷售人員充滿工作熱忱的銷售經理，必然會有所收穫，更重要的是，他這樣做可以增加他手下每位銷售人員的賺錢能力。因此，他自己的熱忱不僅為自己帶來好處，也可能造福另外的幾百個人。

8　熱忱能填平等級的壕溝 ▶

　　上級與下級地位不同，在等級觀念的影響下，二者容易產生隔閡和對立。在這種情況之下，熱忱能夠發揮巨大的化解作用。

　　上級在工作中，難免會與下級發生摩擦和矛盾，或者是因為工作問題，或者是因為對某事的看法不一等等。總之，有許多導致矛盾的因素，往往令上下級之間關係緊張，輕則產生怨氣，重則引發對立。因此，上級在工作中，既要堅持原則，勇於批評，又要講究方法，善於消除和化解下屬的對立情緒。團結群眾，激發大家的積極性，共同完成工作。在這方面，主要是「熱忱」二字，就是要從關心下屬，顧全大局出發來做好下屬的工作，把熱忱落實在行動上。某廠一名廠長，素以嚴格管理著稱，凡是部屬有了過錯，他總是不留情面地批評指正。奇怪的是，被批評的同事對這位「黑臉老包」式的主管不但沒有半點怨氣，反而頗為稱讚佩服，他和下屬的關係也較和諧。何以如此？這位廠長在分享經驗時，說出了一句耐人尋味的話：「對犯有過錯的同事，要拍一巴掌揉三揉。」「拍一巴掌揉三揉」是包含著一定的哲學道理

的，它要求主管要有深厚的情感。教之愈嚴，愛之愈深，要取得嚴格管理與耐心說服二者之間的平衡。

當下屬產生對立情緒時，上級一定要主動讓大家團結，即使暫時不被理解，被下屬埋怨，也要硬著頭皮去做工作。只要對同事懷著一顆真摯的愛心，胸懷大局，就一定能取得成功。如果上級缺乏熱情、心胸狹窄，遇到下級的不合作行為，不是主動地協調關係，團結對方，而是想方設法「收拾」下級，出難題，找難堪，使一些原本可以及時消弭化解的矛盾尖銳化，不僅影響了上下關係，也影響到主管工作的開展。俗話說：「宰相肚裡能撐船，將軍額頭能跑馬。」身為上級，只要充滿熱忱、胸懷寬廣、氣魄大度，容人、容事，善於團結那些對自己有意見的下屬，就一定能夠激發下屬積極性，使領導過程更加順利。有一家工廠，廠址在遠離市區 60多公里的山腳下。但是，這裡的員工都很安心，是什麼原因呢？原來，這家工廠的主管針對員工遠離市區這一特點，關心員工的切身利益，想方設法解決員工生活上的實際困難，創造了一個不比市區差的生活環境，穩定了員工的心情。

他們在認真調查研究的基礎上，提出了解決員工實際困難的具體辦法，並把它列入工廠的發展計畫之內。

首先全廠幾千名員工中，中青年占 70％以上。中青年最關心的是孩子的教育問題。教育的主要問題是因為廠區遠離市

區，幼兒園和學校的教育品質低，學生到市區上學又不方便。這對於「望子成龍」的父母親來說，確實是一個問題。工廠主管針對這一問題實施了三項措施：一是在本廠先後選了 50 多名年紀輕、能力好、學歷高的女員工，花錢送她們去幼教學校培訓，畢業後取代原本教育程度低、能力差的「老太太」保育員，改造了校舍，增添了教具；二是在聘請市內學校教師兼職任教的同時，又從師範大學畢業生和市區退休的老師中重金招聘 20 多名教師；三是補貼考入市區高中學生的住宿費，每週派班車接送。這三項措施解決了員工對子女教育問題的後顧之憂。

員工反映強烈的第二件事就是住房問題。新結婚的員工沒有住房，老員工住房擁擠。工廠決定每年擠出 1,500 萬元，作為建設基金，有效地解決了員工住房問題。

員工反映強烈的第三件事是買菜問題。原來員工買菜要走出廠區，十分不方便。工廠投資 50 多萬元，在廠內建了兩個自由市場，方便了員工的生活。

工廠還投資修建了廠區公園，安裝了電視，裝設卡拉OK 廳等。這些關心員工切身利益的好事，發揮了留住員工的作用，也激發了員工的積極性，促進了生產的發展。解決困難，關心下屬的切身利益，這既是領導者的職責，也是領導者的感情投資，它會使下屬感受到領導者的熱情，又進一步促進了公司的人事穩定，從而煥發出工作的熱忱。

9 寧為噴泉，不為潭水 ▶

當你擁有熱情時，你看到的不是事物的反面，而是它的正面。你會發現每個人、每一件事都有其閃光之處。

真正的熱忱意味著你相信你所做的一切是有目的的。你堅信不疑地去實現你的目標，你有火一樣燃燒的願望，它驅使你去達到目標，直到如願以償。

美國人卡蘿爾·錢寧（Carol Channing）是一位歌唱家、演員、明星。她上 4 年級時滿懷熱情。一次，她被叫到同學面前講話，但她不知說什麼好，於是就模仿了一位學校裡老幼皆知的人。

「孩子們都笑了」，卡蘿爾·錢寧後來回憶道：「我當時想，『天啊，我覺得好笑的事，人家也都覺得好笑。我覺得滑稽的事，別人也覺得滑稽。』這是我有過的最美妙的體驗」。從那時起，卡蘿爾·錢寧就有了一個目標。「我將流血，我將死去，我將蹣跚前進，我一定要為再次站上舞臺有所作為。」她對天發誓。

卡蘿爾·錢寧幾年以前就曾以音樂劇《你好，多莉！》（*Hello, Dolly!*）而獲得了成功。最近她又在全國巡迴演出

「多莉」。卡蘿爾再一次意識到，只要你對事業充滿了熱情，你就能成功。她重演的《你好，多莉！》每到一處，其觀眾人數常常打破紀錄。「你必須對你所做的事有豐富多彩的感情」，卡蘿爾說。「你也能成功，只要你對你的目標有豐富多彩的感情，你也能夠充滿熱情。」

　　你以愉快的心情去做生活中的小事：度假、過節、買一輛新車，那都是令人高興的事。熱情的人每天都能在他情願效力的事情中找到樂趣。

　　你渴望的是活生生的今朝明日。你應該心平氣和地待人接物，不苛求於人，並覺得幫助他人是一種必須、一種快樂。

　　但是所有這些態度都不是熱情中的最好之處，熱情中的精華部分是：當你充滿了熱情時，你會更容易戰勝「我做不到」、「沒機會」這些敵人。

　　當你想打退堂鼓時，熱忱促使你前進；當懷疑、憂慮和畏懼出現在你腦中時，熱情會使它們變得無影無蹤。

　　你能做自己想做的事，對熱情堅定不移的信念使人們感到，它比任何一種消極力量，比你的任何敵人都要強大。

　　一個熱忱的人知道他不能萬事如意，知道有時候他的夢想似乎永遠也無法實現。但是他能為自己加油鼓勵，他會把要做的事情深思熟慮，然後再拚命工作，同時與以前相比，他會有更好的感受。

　　成功學大師拿破崙‧希爾曾這樣回憶道：「當我的熱情消退時我用熱忱重整旗鼓。我認為，這個世界上那些事業有為、達到了目標的人，他們都是白手起家，但是最後都成為大人物。」

　　他想到了桃莉‧巴頓，是她走出貧苦的山區，用歌聲打動了千百萬人的心。

　　他想起了一位被廣為傳說的美國推銷員，他名叫鮑勃‧佩琴，在加利福尼亞經營房地產。他沒有唸完高中，但他靠推銷房地產每月能賺好幾百美元，儘管他是個盲人！

　　他還想到一位名叫布雷滋‧沃爾克的人。他靠著寫有關熱帶魚的書過著舒適的生活。大概他是這個國家對熱帶魚知道得最多的人。十九歲時他患了脊髓灰質炎，一直到現在，他只能平躺在床上，藉助一個機械裝置來呼吸。他寫作也得依靠特殊裝置，用他全身唯一能夠控制的部分 —— 他的舌頭 —— 來進行。筆者還想到詹姆斯‧本森‧歐文。在一次飛機失事中，他摔斷了雙腿，摔碎了顎部，大腦損傷使他失去了記憶。經過兩年的治療康復，他恢復了記憶。他又回到飛機駕駛艙，並申請擔任飛行員，但遭到拒絕。一連 4 次，他的申請都被回絕。但是，歐文對此依然滿腔熱忱，他又一次遞交申請，終於被批准，他後來成為第八個登上月球的人。

　　沒有人能夠阻止一個知道自己將欲何行的人，沒有人能夠阻止一個打不垮的人。

　　讓你的生活充滿熱忱吧！讓你的熱忱發揮作用吧！讓你的熱忱洋溢於你今天的生活，讓你的熱忱幫助你成為你生活的主宰。

■ 10　熱忱有度方能實現目標 ▶

　　成功學大師馬登認為：熱忱就像汽油一樣，如果能善用它，它就會做一些有意義的工作；如果用之不當的話，就可能出現可怕的後果。

　　熱忱失控可能會使你壟斷談話的內容，如果你一直談論你自己，其他人就會降低和你談話的意願，並且在你尋求幫助和建議時拒絕你。

　　你必須注意勿使你的熱忱矇蔽了你的判斷力，切勿因為你認為某項計畫很好，就把它洩露給你的競爭對手。如果你能看出它的價值，別人同樣也看得出來。在你所擬的計畫還需要其他資源或環境配合之前，切勿匆忙付諸實施。

　　別把你的熱忱用錯了方向，例如熱衷於賭輪盤或賭馬，你可以做一些消遣活動，像釣魚或讀些益智書籍之類。但是如果你把所有的熱忱都用來消遣時，你將不再有多餘的熱忱來實現你的明確目標，而且你很快就會連做一些消遣活動的資源都沒有了。

　　控制熱忱會為你帶來許多好處：

1. 增加你思考和想像的強烈程度。

2. 使你獲得令人愉悅和具有說服力的說話語氣。

3. 使你的工作不再那麼辛苦。

4. 使你擁有更吸引人的個性。

5. 使你獲得自信。

6. 強化你的身心健康。

7. 建立你的個人進取心。

8. 更容易克服身心疲勞。

可口可樂已成為一種大眾飲料，這種通行全世界 296 個國家和地區的大眾飲料，其銷量獨冠全球，這不能不說是公司的第二任董事長羅伯特・伍德魯夫的功勞。他在掌握自己熱忱程度和熱忱方向方面，堪稱為天才。伍德魯夫天性熱情外向，可說是推銷的奇才。

「要讓全世界都喝可口可樂」 —— 這就是他的目標。當時國內市場日趨飽和，開闢國際市場勢在必行。他上任後，立刻增設了「國際開發部」，立志要把可口可樂推向世界。

然而，把這樣一種略帶藥味的飲料推向國際市場，要使全世界飲食習慣各異的人都能接受它，談何容易！

阻力首先來自可口可樂公司董事會那些保守的元老們，老董事杜吉爾怒氣沖沖地責問道：

「我知道你上任後想表現一番，但你不能用全體人員的利益去孤注一擲。」

伍德魯夫爭辯說：「美國的食品能在國外銷售，這麼好的飲料為什麼就不能在國外銷售呢？」

杜吉爾也振振有詞：「食品與飲料完全是兩回事，不管什麼人，對食品主要考慮的是營養成分，只要有營養，他們是願意讓自己的口味遷就食品的。而飲料只是消暑解渴，喝不喝都可，外國人怎麼會放棄自己的傳統和習慣去遷就飲料呢？」

「你說的很有道理，但不管是哪國人都會有好奇心，這一點請不要忘記。」

杜吉爾答道：「好奇心並不是習慣，好奇心難以持久，一旦不能從好奇心轉變為習慣，那麼在國外的推銷就會失敗，現在國內市場看好，我們犯不著到國外去冒險。」

這是一場開創派與保守派的爭論。爭論後伍德魯夫陷入了沉思。在他的腦海中不斷浮現在舊金山的唐人街上，許多中國人津津有味地喝著可口可樂的情景。中國夠「遙遠」的了，那裡的人也應該和美國人口味不同，卻為什麼可以接受可口可樂呢？」這一點，再次點燃了他的夢想。

他相信開發國際市場和國內市場一樣，只要推銷方式得當，國際市場就一定能夠開啟。

1941 年爆發了珍珠港事件，美國參加了第二次世界大戰。戰爭使可口可樂陷入困境，國內市場不景氣，向國外開發也一籌莫展。

內外交困使歷來精明的伍德魯夫備感憂慮，難道父親一手建立的基業要敗在我的手上了？

山窮水盡疑無路，柳暗花明又一村。正當伍德魯夫發愁時，老同學班塞出現了。

班塞在麥克阿瑟手下擔任上校參謀，這次臨時回國，特意打電話給老同學。

伍德魯夫說：「難得你還想著我啊？」

「我不是想你，我是天天在想著你的可口可樂！」班塞豪爽地笑著說：「好長時間沒喝上你那深紅色的『頭痛藥』了，在菲律賓熱得要命的叢林中，真想喝啊！一下飛機，我就先喝了兩大瓶，可惜我不是駱駝，不然真想灌上一肚子帶回去慢慢消化。」

機會來了！敏感的伍德魯夫從班塞的話中得到了靈感：「如果前線的將士都能喝到可口可樂，不就像是做活廣告嗎？那麼當地的人也會紛紛購買，市場不就開啟了嗎？」的確，戰爭不僅會帶動軍火工業，而且也會刺激其他行業的生產，刺激疲軟的市場。

伍德魯夫不會輕易放過這個機會。

他開始了他的宣傳攻勢,憑著三寸不爛之舌大吹可口可樂可以「鼓舞士氣」,可以「調節前線將士的艱苦生活」。

但五角大廈的官員卻連連搖頭,只給了他「研究一下」的答覆。

回到公司之後,伍德魯夫發現形勢已不能再等,伍德魯夫決定展開一場宣傳攻勢,促使國際部的官員改變主意。為了一舉成功,伍德魯夫親自指導宣傳提綱的撰寫,他說:「一定要把可口可樂與前方將士的戰地生活緊緊地連繫起來,還要寫清楚飲料對戰鬥的影響,可口可樂對前線將士的重要不亞於槍彈,公司的成敗在此一舉,各位要用盡全力,使之一舉成功。」

畫冊最終定名為〈完成最艱苦的戰鬥任務與休息的重要性〉,並使用新版印刷,顯得圖文並茂,生動感人。小冊子極力宣傳,在緊張的戰鬥中盡可能調劑戰士的生活,當一個戰士在完成任務、精疲力竭,口乾舌燥時,喝上一瓶清涼的可口可樂,該是何等的愜意啊……

不用懷疑,伍德魯夫這一天才的宣傳,使國會議員、軍人家屬和整個五角大廈為之傾倒。國防部不僅同意把可口可樂列入軍需品,還支援在軍隊駐地設置飲料工廠。

五角大廈的有力支援,使可口可樂公司受益匪淺,不到3年時間,公司共在海外設立了64家工廠,銷量達到了50

億瓶。在這一時期，可口可樂公司成功地開闢了國際市場，還為戰後的榮景奠定了基礎。

二戰結束後，大批作戰的美軍都已陸續回國。失去了一批「義務推銷員」。可口可樂公司要想站穩腳跟，保持發展就得另想新招。

班塞的再次到來又一次觸動了伍德魯夫的靈感。當伍德魯夫向他提出有關海外市場的問題時，班塞憑著他在東南亞的多年經歷指出，東南亞人喝可口可樂完全是受了美軍的影響，而且已經喝上了癮。只要保證供應，銷路是沒有問題的。但美國國內條件和國外不太一樣，在國外有許多事是行不通的。只有透過當地人來經營，才能解決許多不必要的麻煩。

伍德魯夫擔心公司無力負擔，他想的是如何以較小的投資，換取更大的利潤。

班塞建議說：

「你只要把可口可樂的製造權賣給當地人，讓他們自己建廠經營不就行了，這在東南亞是完全可行的。」

伍德魯夫認真地考慮了班塞的意見，提出了「當地主義」這一戰略，即用當地的人力、財力、物力去開拓可口可樂的海外市場。

當時，跨國公司還處於萌芽階段，伍德魯夫此舉可以

說是開了先河，所以受到董事會的抵制早就在他的預料之中了。

杜吉爾問道：「一旦當地產的可口可樂與正宗產品品質不同，那豈不是自毀了幾十年樹立起的品牌？」

伍德魯夫說：「技術和品質控制完全由我們教給當地人，只要他們掌握了就沒問題，重要的是，我們必須這樣做。外國人對美國的崇拜不會一成不變，對美國貨也不會永遠迷信。他們的愛國之心會逐漸加強。像飲料這樣的消費品，如不借助當地人的力量，很難在海外長期立足。只有行「當地主義」，讓當地人掌握生產和銷售，才能永久立於不敗之地。」

據統計，除了在美國本土的發展收入外，可口可樂公司靠批發僅占飲料重量的 0.31% 的原汁，每年經營總額達 9.79 億美元，總利潤接近 1.5 億美元。

可口可樂的成功，主要依靠廣告的作用，而伍德魯夫的天才也主要表現在這方面。屬虎的伍德魯夫，天生適合這一工作，他熱情奔放，富有鼓動性，他極為重視廣告，經常親自動手製作。

伍德魯夫為了保證廣告的品質，還規定所有分公司的廣告宣傳全由總公司負責統一製作。

至今，世界各地的可口可樂廣告、商標，都是正宗美國

貨,伍德魯夫是利用外國人對美國的崇拜心理大做文章。

　　早在 1911 年,可口可樂的廣告費就高達 100 萬美元。30年後,猛增至 1,000 萬美元,又過了 8 年,廣告費再翻倍,到 1958 年,更是高達 4,000 萬美元。幾乎沒有哪家公司像可口可樂這樣在廣告上花大錢的。但這也正是伍德魯夫成功的祕訣。從伍德魯夫的成功中我們可以看到,他在經營中恰好發揮了他天性中的優勢,他熱忱、樂觀、豁達,做起事來勢如破竹。他的經營才華主要表現在他的對外交際上,尤其是宣傳鼓動上,熱忱有度,行動上恰到好處。

　　伍德魯夫 1955 年宣布退休,當時他 65 歲。他的退休可謂是明智之舉,因為統領者一般運勢強盛,但若獨力支撐太久,往往力竭,導致意想不到的挫折。這又是伍德魯夫「熱忱有度」的精彩的一筆。

六、不懈地追求，人生必將卓越

■ 1　創造生命輝煌的基因　▶

目標、信心和行動是成功的三大先決條件。體現在人生中，那就是不懈地追求。成功學大師無一人忽視追求的意義與作用，魏特利博士更直接宣稱：人類生命的成功基因就是對信念的執著與追求。

有什麼樣的目標，就有什麼樣的人生色彩；有什麼樣的追求，就能達到什麼樣的人生高度。只要你堅持不懈地追求，你的人生必將卓越。

如果你懷著崇高的信念，一座寶庫就在遠處等著你去開掘。如果你為了這一目標不懈地追求，實際上你已經擁有了一筆無法估價的財富。追求將使你的品格得到發展，將使你得到眾人的尊敬，將使你在改變著命運的同時影響著他人和環境，最後將為你帶來巨大的幸福。

追求對我們來說，可能是不容易的，它甚至會包含一切痛苦的自我考驗。但無論要花費什麼樣的努力，它都是值得的，因為只要你朝著目標努力，你就能得到許多好處。

你正在前往某地，而不是靜止地站著，你現在的重任常常是你不熟悉的溝通航道。

為了成功地到達征途的終點，你需要面對許多考驗。

在你的前面可能有各種失望、苦難和危險。這些東西就是你航道上的暗礁和險灘，你必須繞過它們前進，以達到你的目的地，而不會遇到災難。

正如同磁針總是和南北兩極處於一條直線上一樣，當你校正了你的羅盤，你就會自動地作出反應，和你的目標，你的最高理想處於一條直線上。

人生失敗的惟一可能是你渴望某種事物卻不採取切實行動去爭取它 —— 對於夢想，你需要採取步驟去發現、去把握、去爭取、甚至去創造！

用實際行動去追求理想是成功的關鍵。

觀察一下那些從逆境中奮起的成功者，我們會注意到他們無一不是樹立了遠大的目標並且全力以赴去實現自己抱負的人。從他們決心將全部精力集中於一種特定目標的那一刻起，他們就開始排除萬難，勇往直前，追求不懈。

英國作家愛德華·G·布爾沃·利頓寫道：「那些出類拔萃的人正是在生活的早期就清楚地辨明了自己的方向，並且始終如一地把他的能力對準這一目標的人。甚至天才本身也只不過是敏銳的觀察力再輔之以執著的追求。每一位注意觀察和具有堅忍不拔的意志的人，都在不知不覺地成長為天才。」

目標的樹立是生活成功的關鍵。實現目標最重要的一步就是追求、追求、不懈地追求。

在很多成功學大師看來，「天才最突出的特點之一就是具有自強不息的動力」。那些成就卓著的人們有著一致的生活目的，然而，為了達到這些目的卻採取了殊途同歸的方式，那就是不懈地追求。你也許會認為，史特拉汶斯基、愛因斯坦或者畢卡索式的人物是由於他們的天賦才贏得了「古怪」、「特異」和「任性」的權力。然而事實證明：正是掌握自己命運的意志才賦予他們嘗試新事物的勇氣和追求成功的不懈努力。

但不去追求，任何偉大的理想都只是空談。在這一點上，人和土地頗為相似。有時候，地下雖然蘊藏著金礦，而土地的主人對此卻一無所知。你自嘆無能的時間完全可以用來在你自身中尋金探寶。自強不息地追求自己的目標，不要害怕失敗、非難或是批評。這樣就能使你隱藏在芸芸眾生的社會外表之下、獨一無二的因子得到解放。你的精神活動正如心跳和呼吸一樣，與你是息息相關的。當你根據自己的天性和自己的目標來決策和行動的時候，你就會找到卓越人生的成功之路。

2　一生追求的世界級幽默藝術大師 ▶

　　人生之路，從來就是坎坷崎嶇的。生活中的磨礪總像是處處與人為難、處處設關考驗我們似的，沒有人一生都風平浪靜，也鮮有人事事稱心如意。只有那些持之以恆、矢志不移，終生追求理想目標的人，才有可能登上成功的峰頂。

　　侯寶林是聞名遐邇的世界級幽默藝術大師。他從一位只上過 3 個月小學的藝人，逐漸成長為一代相聲藝術大師，無不得益於在艱苦的環境裡，始終堅持自學，為相聲的表演與創作奠定了文化功底。在 6 歲那年，侯寶林曾賣過幾天報紙，可是由於教育程度低，不認識新聞標題，沒法吆喝以招徠讀者，結果從郵局批來的報紙全都賣不出去……在生活磨礪中，年幼的侯寶林逐漸得出這樣的結論：不識字是無法填飽肚皮的。

　　侯寶林學識字的第一個階段是記戲折。侯寶林跟老師學唱戲時，由於他根本不識字，唯一的辦法就是死記硬背，即使在買東西、洗菜、走路、上廁所時，侯寶林也經常唸叨那些戲文。一次，侯寶林隨師父到有錢人居住的地區串門，他們挨著門遞戲摺子讓人家點戲。客人點了一齣〈四進士〉，

侯寶林趕緊把戲摺子接過來藏在懷裡。晚上入睡前，侯寶林從懷中掏出那張寫有「四進士」的戲折，仔細端詳起來：「原來這三個字就是老師經常說的『四進士』！」他開始有意識地把漢字的讀音與對應的漢字連繫起來。隨著時間的推移，師父家戲折的戲名侯寶林都能逐一對號入座了。

當時許多藝人唱了一輩子戲，也不認得幾個字，但侯寶林並沒有重複這條老路，他透過記戲折開始了學習的歷程。侯寶林改學相聲之後，又透過「白沙撒字」學會了不少漢字。「白沙撒字」是中國相聲的傳統技藝之一，藝人們彎著腰，手裡捏著沙子，一邊移動腳步，一邊嘴裡唸唸有詞，拿手當漏斗，沙子漏下去就形成了漢字。每天侯寶林的地攤開場之前，他就先為大家在地上寫幾個字，或者一副對聯，例如「福」、「壽」、「黃金萬兩」、「日進斗金」等等，如果觀眾的氣氛很熱烈，侯寶林還用「酒色財氣」四個字為大家組成一幅畫。「色」是船身，「氣」是船後邊划船的人，「財」的「才」字正好是船的桅杆，桅杆頂上掛有一面大幅酒旗，上書巨大的「酒」字。經過「白沙撒字」的鍛鍊，侯寶林不僅認得了一些常用的漢字，而且還掌握了行書的書寫要領，把他引入了書法藝術的大門。

侯寶林學習的第三個階段是看書讀報。1940年侯寶林到天津演出，業餘時間比較寬裕。當別人在聊天、逛街、打麻

將的時候，侯寶林卻雷打不動地每天花兩分錢買張小報，看些演員生活花絮之類的新聞，因為這些內容都是他比較熟悉的，即使有個別不認識的字，也可以根據自己聽說的軼事和上下文意思「串」下來。如果遇到一串字淨是生字，他就主動找人請教。侯寶林逢人就問「師哥，請教個字……噢，怎麼講啊，擱在這句話裡的意思是？」

如果說侯寶林早年利用各種機會學習，還是迫於餬口養家的需求，但當 1940 年代時，他已成長為中國相聲界的風雲人物之際，仍然自覺地加強自己的文化修養，經常不恥下問，拜了許許多多的「一字師」，充分體現出他的與眾不同之處，即對文化知識的主動渴求。生活使他逐步懂得：為了裝點門面，打腫臉充胖子，自己就無法取得進步。在這種質樸的思想引領下，這個只上過 3 個月小學的相聲藝人，經常拿起筆創作相聲、研究相聲。晚年的侯寶林更是如魚得水，致力於對相聲和曲藝的源流、原理和技巧的理論研究，著有《相聲表演藝術》、《曲藝概論》、《相聲溯源》、《相聲藝術論集》等，對相聲和曲藝的基礎研究和理論建設做出了開拓性的貢獻。

常言道：師父領進門，修行在個人。侯寶林從一個苦孩子成為傑出的藝術家，靠的是孜孜以求，不懈追求。當人們陶醉於大師們傑出的藝術欣賞時，更有理由為他們實現人生成功的奮鬥精神所折服。藝術無止境，人生亦當如是。

■ 3　追求成就了香水女王 ▶

　　每個人都有自己的成功夢想。用實際行動去追求理想才是成功的關鍵。觀察一下那些從逆境中奮起的成功者，他們成就自己生命輝煌的起點，無一不是從下決心為人生目標不懈追求開始的。人類生命的成功基因正是對信念的執著與追求。

　　西元 1883 年 8 月 19 日，可可‧香奈兒（Coco Chanel）誕生於法國西南部的索米爾小鎮。身為一個私生女，香奈兒和母親一起飽受羞辱。6 歲時，母親撒手人寰，香奈兒被迫進入孤兒院。在孤兒院裡，除了延續了屈辱、清苦的生活之外，香奈兒還練就了一身縫紉好手藝，這為她以後成為傑出的服裝師打下了扎實的基礎。16 歲那年，香奈兒終於設法逃離了孤兒院，來到另一個小鎮穆爾，並設法得到了一份服裝用品商店的工作。

　　可可‧香奈兒在小用品店裡簡直是如魚得水。手邊都是供縫紉用的各種用品，可以別出心裁地在自己的服裝上做一些小革新，變出許多新花樣。

但穆爾小鎮的狹小似乎裝不下可可‧香奈兒橫溢的才華了。她想出去走走，她不是一個輕易滿足於現狀的人。

她和富家子弟巴桑到了世界最大的城市之一 —— 巴黎。

巴黎街道的繁華令香奈兒目不暇接。

但是，最令香奈兒感興趣的是巴黎婦女們的著裝穿戴。

她一路打量，一路琢磨，有時竟盯著一個婦女，發呆地看。

好在巴黎婦女都較開明，不大在乎別人的「無禮」。巴桑卻為此不高興了。

兩人越來越生疏，經常發生口角。最後他們分手了。

與巴桑分道揚鑣，香奈兒失去了經濟依託，但她想在巴黎服裝業上一展才華的決心沒有絲毫的改變。相反，她的信念更堅定了：當一名拓荒者，就不要指望走平坦的路。

香奈兒首先在巴黎開了一家「香奈兒帽子店」，儘管規模很小，但香奈兒善於經營。她從大商店裡購買一批滯銷女帽，這種帽子的樣式不好看，但可以改製。

先去掉帽子上俗氣的飾物，然後適當加以點綴，改裝以後的帽子，線條簡潔明快，透著新時代的氣息，非常符合大眾化的趨勢。

香奈兒把這種帽子落落大方地戴到街上去，帽子的前沿低低地壓到眼角上，樣子很神氣，給人以耳目一新的感覺。

　　巴黎婦女很快就喜歡上了「香奈兒帽」，紛紛跑來購買，照著香奈兒的樣子戴出去。那種戴法竟在巴黎的大街小巷流行開來，成為時尚。

　　後來，香奈兒又把帽子店改成了時裝店，她從工廠直接購買來一大批純白色的針織布料，用這種價格低廉的布料設計做成最新樣式的女式襯衫。

　　這種襯衫的最大特點是：寬鬆、舒適，線條簡潔，沒有翻上覆下的領飾，沒有層層疊疊的袖口花邊，也沒有彎過來扭過去的綴物，領口開得較低，袖長只齊肘下……

　　香奈兒為這種服裝取了個挺別緻的名字叫「窮女郎形象」。

　　「窮女郎」往身上一套，一個輕鬆、愉快、活潑、大方、極富有朝氣的時髦女子便出現在人們面前。

　　「窮女郎」很快得到了巴黎人的認可。香奈兒服裝店有了一個好的開始。

　　從此，她的信心更足了，膽子也更大了。

　　把女裙的尺寸盡量縮短，從原來的著地到後來的齊膝，解放了女人的下肢。從而誕生了有名的「香奈兒露膝裙」。

　　與此同時，她還設計出腳擺較大的長褲（就是現在的喇叭褲）。可可・香奈兒是喇叭褲的設計發明者。

　　另外她還推出合體的女套衫，女套裝，線條簡暢的連衣

裙,像短披風一樣的風雨衣,法蘭絨運動服和簡筒式禮服等等……以針織為基本面料,兼用其他便宜實惠的配料,使服裝樣式不斷翻新。

在顏色的選用上,她選用黑色與米色,向當時各種顏色充斥女服的習俗挑戰。她說:

「黑色玄妙,米色素雅,用這兩種顏色面料加工成香奈兒服裝,最能體現女性美。」

當然,她也不排除其他較好看的顏色,如純白和純海軍藍。她用純海軍藍料子做出的女式套裝,也是香奈兒服裝中的一絕。

香奈兒就是用自己的這種脫俗的風格,為巴黎時裝界開拓出一片明朗的新天地。

香奈兒轟動了整個巴黎。

大街上,到處都能見到「窮女郎」——上身是「香奈兒寬鬆衫」,下著「香奈兒喇叭褲」,頭戴一頂「香奈兒帽」,手提一只「香奈兒小包」……「窮女郎」們碰上面,相互打量後,會心一笑,香奈兒讓巴黎婦女們親近起來。

香奈兒很得意別人模仿她,也始終站在了服裝革新的最前端,香奈兒雖然已經從只有 6 名店員的小老闆,變為擁有 3,500 名員工的大企業主,但是直到 1953 年,直到她已是 70 多歲的老人時,仍在孜孜不倦地工作。

在此期間，世界服裝業得到很大發展，時裝設計新秀如雨後春筍般層出不窮。但是，香奈兒服裝一直遙遙領先，走在時裝產業的最前端，領導時裝新潮流。

可可‧香奈兒成功了，是她讓時裝之都巴黎更加著名於世。無疑，她摘下了藍天上的皓月，實現了兒時的夢。

■ 4 艱難困苦，玉汝於成 ▶

　　人生的許多偉大功績都是一些很平凡的人們經過自己的
不斷努力而取得的。周而復始的日常生活，儘管有種種牽
累、困難和應盡的職責、義務，但它仍能使人們獲得種種最
美好的人生經驗。對那些執著地開闢新路的人而言，生活總
會為他提供足夠的努力機會和不斷進步的空間。人類的幸福
就在於沿著已有的道路不斷開拓進取，永不停息。那些最能
持之以恆、忘我工作的人往往是最成功的。

　　人們總是責怪命運的盲目性，其實命運本身還不如人那
麼具有盲目性。了解實際生活的人都知道：天道酬勤，命運
掌握在那些勤勤懇懇地工作的人手中，正如優秀的航海家駕
馭大風大浪一樣。對人類歷史的研究顯示，在成就一番偉業
的過程中，一些最普通的品格，如公共意識、注意力、專心
致志、持之以恆等等，往往發揮很大的作用。即使是蓋世天
才也不能小看這些品格的巨大作用。事實上，那些真正偉大
的人物相信的是常人的智慧與毅力，而不相信什麼天才。甚
至有人把天才定義為公共意識昇華的結果。一位大學的校長
認為天才就是不斷努力的能力。約翰‧福斯特認為天才就是

點燃自己的智慧之火；波思認為「天才就是耐心。」

　　牛頓毫無疑問是世界一流的科學家。當有人問他到底是透過什麼方法得到這些非同一般的發現時，他誠實地回答道：「總是思考著它們。」還有一次，牛頓這樣表述他的研究方法：「我總是把研究的課題置於心頭，反覆思考，慢慢地，起初的點點星光終於一點一點地變成了陽光一片。」正如其他有成就的人一樣，牛頓也是靠勤奮、專心致志和持之以恆來取得成功的，他的盛名也是這樣換來的。放下手頭的這一課題而從事另一課題的研究，這就是他的娛樂和休息。牛頓曾對本特利先生說過：「如果說我對大眾有什麼貢獻的話，這要歸功於勤奮和善於思考。」另一位偉大的哲學家克卜勒也這樣說過：「正如古人所言『學而不思則罔』，對此我深有同感。只有對所學的東西善於思考才能逐步深入。對於我所研究的課題我總是窮根究底，想出個所以然來。」

　　純粹靠勤奮和毅力能產生令人驚訝的成果，這令許多傑出的人物都懷疑真正的天才的存在。天才比人們通常認為的要稀少得多。法國著名作家伏爾泰認為天才與普通人只有很細小的區別。柏克萊認為每一個人都可能成為詩人和雄辯家。熱羅德斯則認為每個人都能成為畫家和雕刻家。洛克、海爾特斯和狄德羅認為所有的人都具有相同的天賦。一些人在從事的範圍內只因為善於掌握和運用一些理智執行基本規

則，這樣就能超乎一般，即成為所謂天才。但即使我們完全相信勤奮和努力能創造奇蹟。也完全承認那些取得傑出成就的人也是意志堅強、不屈不撓的人，但很顯然，如果沒有驚人的天賦的話，不論你如何遵循理智和思維執行的規律，也不可能成為莎士比亞、牛頓或貝多芬式的人物。

英國物理學家及化學家道爾頓（John Dalton）不承認他是什麼天才，他認為他所取得的一切成就都是靠勤奮點滴累積而成的。約翰‧亨特曾自我評論道：「我的心靈就像一個蜂巢一樣，看來是一片混亂。雜亂無章到處充滿嗡嗡之聲，實際上一切都整齊有序。每一點食物都是透過勞動在大自然中精心選擇的。」只要翻一翻一些大人物的傳記，我們就知道大多靈敏傑出的發明家、藝術家、思想家和各種著名的工匠，他們的成功在很大程度上應歸功於非同一般的勤奮和持之以恆的毅力。天賦過人的人如果沒有毅力和恆心作基礎，他只會成為轉瞬即逝的火花；許多意志堅強、持之以恆而智力平平乃至稍稍遲鈍的人，都會超越那些只有天賦而沒有毅力的人。正如義大利民諺所云：「走得慢且堅持到底的人才是真正走得快的人。」

培養良好的工作習慣是很關鍵的一環。一旦養成了一種不畏勞苦、勇於奮鬥、鍥而不捨堅持到底的勞動品性，則無論我們做什麼事，都能在競爭中立於不敗之地。即使從事最

簡單的技藝也少不了這些最基本的「品格」。古人云：「勤能補拙是良訓。」講的也就是這個道理。

王侯將相本無種，英雄不怕出身低。不管是在古代還是在現代社會，很多賢人智士能夠有所作為，他們都出自於貧寒低微的家庭，由此可見，成功並不一定非得有一個顯赫的家世！尤其在現代社會，每個人都得靠自己的能力與本事而生存，可謂條條大路通羅馬，只要努力，你就能有出頭之日！

人窮不能志短，困苦與逆境並非完全不利，許多成就大業者都成長於一個貧窮困苦的環境之中，然而他們最終還是克服和改變了自己的處境，最終獲得了成功。無數事實說明，逆境有時正隱含著更大的成功因素，只要你用自己的毅力和精神加以克服，不利的因素就能轉化為成功的種子。如果你精心培育，就會隨之開花結果。但在現實生活中，有些人一旦陷入貧窮，或遇到困境，他們要麼哀嘆命運不公，消沉懈怠；要麼羨慕他人、嫉妒他人；要麼自憐自悲、缺乏自信，在他人面前抬不起頭，說不出話。俗話說，窮不滅志，富不癲狂。這句話應該作為現代人 —— 不管是窮人還是富人 —— 做人的道理。

貧窮困苦能夠磨練一個人的心志和能力。當然，有的人生來貧窮，其實這並不是「上天」的意思，我們自己也無法

選擇，但有一點可以相信：凡是在困苦的環境中沒被擊倒，並且更加奮發自強者，都能有百折不撓的韌性和堅持到底的毅力。惡劣環境的一再試煉，也提升和強化了他的能力與見識。這正是一個人擔負重大責任時的必要條件！所以一個人只要從困苦中走出，他就能承擔大任，這就是成功的本錢！相反，一個生來富貴優越者是很難體驗到這些的，如此看來，窮困也許還是你成就大業的一種資本呢！而這種資本並非人人都有。

過於安逸舒適可能使人缺乏鬥志——也許有人會反駁，難道安逸舒適不是我們每個人所追求的生活目標嗎？這又有什麼不好。對於這一觀點，應該辯證去看。當然，日子過得舒服不是壞事，我們也應該力求讓自己生活得更好，這樣才是社會進步和人們生活改善的表現。但是，自古以來人們就懂得「居安思危」的道理，一個人如果缺乏危機意識，就很容易退步，趕不上時代的腳步，經不起環境的變動。大至一個國家的滅亡，小至一個公司的破產，某個人被人迎頭趕上，家道中落等等，大都因為如此！所以，當你獲得成功，當你擁有財富時，切不可忘乎所以，過度奢華，甚至喪失做人的根本。

因此，行走於人性叢林中的每個人都應該記住：

如果你正在遭受困苦，這並不完全是件壞事，因為老天要把重任交給你，他正在磨練和考驗你！

5 激流勇進，叱吒濠江 ▶

追求是一種自信；自立者天助之。追求是一種鬥志：狹路相逢勇者勝。追求更是一種毅力：不達目的不罷休。不懈的追求，無論花費什麼樣的代價都是值得的，因為這將為你的事業帶來巨大的成功。

抗日戰爭爆發後，日軍的炮火很快燃燒到香港。正在大學念三年級的何鴻燊學參加了義勇軍，擔任防空警報監督室的電話生。

1941 年 12 月 8 日，日軍向英美宣戰，英軍只抵抗了 8 天便乖乖投降了。

香港淪陷之日，正是他進入澳門聯昌公司之時。

聯昌公司的主要業務，就是供應這 50 萬人的食糧。主要透過以貨易貨，用機械零件及船隻等，交換各種糧食和油料。

澳門政府將所有剩餘物資，如拖船、小汽船等等，都交給聯昌公司，到廣州等地換取糧食、麵粉、糖、鹽等供應澳門 50 多萬人的日常生活。

這些以貨易貨或以錢易貨的買賣，有時在公海邊緣進行，危險萬分。

何鴻因為在貿易供應方面的特殊才能和突出貢獻，被委任為澳門特設貿易局供應部主任一職，主管糧食進口。

當時澳門的糧食問題越來越嚴重。四百多塊銀元才能購得一擔白米。很多人因無米下鍋而餓死。

何鴻上任之後，立即奔赴廣州，四處懇請救濟，希望廣州政府能伸出援助之手，以救燃眉之急。經過多方的奔波，終於買到了幾船珍貴的大米，運往澳門。當何鴻回到澳門，受到當地群眾的熱情歡迎。那場面，比賺得 100 萬元更令他激動不已。

歷經風險的何鴻在實踐中磨練得更為成熟了。1943 年，他自己開了一家煤油公司，並與梁基浩等人合作開了一間煤油提煉廠。澳門電力公司所有的燃油，有八成來自他的煤油提煉廠。不到一年，何鴻又賺進了 100 多萬。

抗戰結束後，何鴻又回到了香港，投身於房地產業。當時正值香港地產事業蓬勃發展，地產市道好，結果又大大地賺了一筆。到 1959 年，他的身家已有 1,000 萬元，成為香港的超級富豪。

■ 6　從逆境中奮起的東方之子　▶

　　假如真有上帝，世界會像天堂一樣，人間會處處灑滿陽光。然而，這個世界上苦難太多，我們的生活中壓力太大。誰來拯救自己？奇蹟該怎樣發生？無數的人有無數的困惑，無數的追求有無數個答案。而成功者選擇了這樣的道路：從災難中爬起，從廢墟中新生。只要點燃了自己那熊熊的生命之火，輝煌的成功大門就一定會為你開啟。

　　1982 年，船王董浩雲去世，身為長子的董建華理所當然地成了董氏家族的掌門人。但是，落在董建華肩上的卻不是榮譽和掌聲，而是災難與空前的壓力。

　　受第二次石油危機的影響，到 1982 年，美國和歐洲有 3,500 萬人失業，汽車、鋼鐵、紡織三大傳統工業陷於停頓，西方對亞、非、拉丁美洲的產品需求枯竭。整個歐洲、美洲經濟接近蕭條狀況。

　　世界航運業的衰敗也於 1982 年徹底表面化，巨大的災難降臨到剛剛接管東方海外集團不久的董建華頭上。

　　最讓今天的人們扼腕嘆息的，就是叱吒風雲的船王董浩雲當時並沒能預見到這一點，反而大規模擴充船隊，從而使

董建華身上的重債不堪其負，幾至折戟沉沙。

首先是船價大跌。這使董建華名下的財富大幅度「縮水」，其資產淨值在 1982 年為 25.1 億元港幣，到 1984 年則只有 18 億港元。雖然採取了多種挽救措施，董氏企業的負債仍高達 90 多億港元。

公司的業績同時也一落千丈，在船隻噸位嚴重過剩的狀況下，想賣船也不是容易的事，沒有人肯在這種背景下買船，把負擔往自己身上壓。

然而，這僅僅是個開始。

1982 年，儘管董建華用盡一切辦法進行補救，但財務危機之漩渦還是將董氏家族捲入了海底。這個時候，他不僅欠銀行的錢還欠股東的錢，欠日本造船廠的錢。據說，包玉剛的大女婿蘇海文曾談到，董家所欠的錢和奧地利的國債一樣多。當時滙豐銀行是董家最大的債主，僅此一家，董建華名下的債務就高達百億港元。這意味著每年 5 億元的利息。最高時，有人統計，董建華欠債達 28 億美元，也就是 250 億港元。想想吧，背負這麼重的負擔，怎能不感到巨大的精神壓力！

一天，董建華把妹妹董建平叫到辦公室，告訴她說，公司遇到了一場驚人的大災難，說著說著，兄妹二人相對而泣。

　　試想一下，150 多個債權人接連不斷上門的狀況是何等苦楚；在東京、紐約、倫敦之間穿梭飛行，說服債權人和銀行不要凍結資產，讓他有個翻身機會，需要多大的勇氣，該忍受多少的白眼和冷面孔；有時連續和債主開會，打 20 多個小時的電話處理紛亂的事務，又該是多麼艱辛。何況那是在業績低落的情況下，東方海外還要面對美國輪船公司低價搶貨的挑戰。內憂外患一齊湧來。

　　讓董建華備感悽楚的還有世態炎涼。當董建華隨著事業處於巔峰的董浩雲周遊世界時，所受的待遇是何等榮耀，然而，當他身處逆境時，無情的商場給董建華尚存的天真上了毫不容情的一課。

　　債臺高築，債主盈門，儘管董建華用盡渾身解數，遊說各方財團，想盡一切措施，如出租輪船，減少船舶數量甚至變賣分公司，但東方海外的財務始終沒有起色。1985 年 9 月，傷痕滿身的董建華無奈宣布：東方海外在香港證券交易所停牌，待債務重整後再行復牌。

　　董氏家族被拖進了漩渦之底，董建華成為「超級窮人」。

　　正在此時，日本的東棉承造商社對搖搖欲墜的董氏企業進行了最後的打擊：貨櫃船必須要按時交貨。

　　這一下打擊是致命的：若不及時付款接船，董氏家族將被迫清盤。

　　董氏企業自身已難支撐，平衡已被打破。若無強援，必將傾覆。

　　1985 年，董建華的事業似已走到窮途末路。雖然採取了降低成本、降低壓力的多種方法，但對於奄奄一息的東方海外來說卻收效甚微。如同病入膏肓的病人一樣，其自身免疫系統根本應付不了兇猛的病情，一般的醫生也束手無策，只有等待扁鵲、華佗之類的神醫了。

　　滙豐銀行是董家最大的債權人，據說，董家的欠貸高達 100 億港幣之巨。看到董建華苦苦奮鬥，卻周身是債，自救乏力，滙豐銀行決定冒一次險。1985 年 9 月，滙豐銀行在會同中國銀行向董建華貸出 1 億美元的備用貸款，解救他被人起訴的燃眉之急後，決定再以新船為抵押，幫助董建華度過日本人這道難關。

　　就像失血過多的病人得到了血液補給一樣，東方海外算是躲過了清盤厄運，然而大病未癒，積重難返。若想有所作為，非得再有帶造血功能的「營養」補充才行。然而，有誰會再幫助董建華呢？

　　董建華真正到了山重水複，無路可行的地步。

　　然而，董建華恐怕連做夢也不敢想，還會有人對他施以援手，使他柳暗花明。

　　1986 年 3 月，與董浩雲私交甚篤的大富豪伸出援助之

手，他宣布將注資 1.2 億美元於董建華的新船上。1.2 億美元，這對董建華來說，無異是久旱逢甘霖，無異於雪中送炭。

這筆救人於危難的注資，為東方海外帶來生機。5 月 17 日，董建華宣布，重整公司債務。

董建華拿出了全部家產，全部注入重新組合的董氏集團。

董建華首先要做的，是說服 150 多個債權人同意他的重組方案。為此他不惜將全部資本投入重組後的公司，而把對公司的實際控制權交到債權人手中，自己實際上成為公司的高階「打工仔」。董建華的決定以及其行動時的堅定，說服了所有債權人，他們同意了董建華的決定。從 1985 年開始的公司債務調整，直到 1986 年 5 月 17 日這天，董建華宣布設立一家新公司 ——「東方海外國際有限公司」，這家公司持有東方海外 65% 的股票，餘者為該富豪名下的公司所持有。

這次重組工作進行得很慢，直到 1987 年才結束。這兩年是董家最難捱的一段時光。股票被迫停牌，公司控制權落入他人之手，公司欠債達 26.8 億美元，預計要到 2002 年，公司才有可能奪回控制權。不過，希望也在增加。1987 年，東方海外股票恢復上市買賣，公司業績不再下滑。

天道酬勤。80 年代末，世界航運業開始復甦。隨著世界經

濟的逐步繁榮，航運業、造船業再度繁榮。東方海外挾重組之威勢，抓住時機，度過了難關。到 1990 年，公司的虧損額度已由 26 億美元下降到 600 萬多美元。1994 年 9 月，東方海外的股東們在 9 年之後首次獲得股息，董氏家族也完全取得了企業控制權，控股比例超過 50%，董氏家族這才真正重見天日。

1995 年 12 月 13 日，香港港口熱鬧非凡。當時世界上最大的貨櫃船「東方海外香港」號舉行下水典禮。李嘉誠、陳方安生參加剪綵儀式。笑容滿面的董建華以新船王的形象出現在人們眼前。

東方海外，已經極其壯大，蔚為奇觀，其資金逾百億港元，經營 24 艘貨櫃船，辦事處遍布 145 個國家和地區，1995 年底營業額達到 16.7 億美元，員工達 3,000 人。

東方海外的業務也在不斷地發展。1996 年，它與美國總統輪船、日本大阪三井、馬來西亞國航運、英國渣華郵船聯手，開闢亞洲至西北歐航班輪運。和總統輪船、大阪三井開闢東亞、南亞至美國西海岸航運，與太平洋船務合作開闢南亞至澳洲航運。同時，董建華吸取父親的教訓，開展了多樣化經營，在房地產、酒店業、食品業等方面投資，於分散投資風險中求多樣化共同發展。

董建華重新樹立起了他的船王地位，從而書寫了他人生輝煌的華章。

7　梅花香自苦寒來　▶

　　成功的人生要義無反顧地奉獻，要百折不撓地追求，要堅忍不拔地奮鬥。因為不經歷風雨，哪能見彩虹；不自苦寒來，哪見梅花香。

　　眾所周知的著名電影導演張藝謀正是朵來自苦寒中的梅花。

　　「文革」爆發後，18 歲的張藝謀插隊到了咸陽地區的偏僻農村，在他 21 歲時，正值大招工，知識青年紛紛返城，但張藝謀因為出身問題，沒有工廠敢要他。他只好默默地看著別人透過各種門路一一離去。恰好那時有一種風尚，就是各個工廠之間經常要舉行各種籃球比賽，有這方面特殊才能的人都被視為寶貝，所以便有了一條不成文的規定：有著籃球特長的人可以放寬審核條件予以錄用。張藝謀本來就有著強健的體魄，籃球也打得不錯，知道這一消息後，他越發勤奮地訓練，最終，有一家工廠在招工時看上了他的好身手，放寬條件錄用了他。

　　張藝謀由農民轉成了工人，又開始了他新的奮鬥。他的繪畫才能開始嶄露頭角，3 年後，因此而被調入工藝室從

事設計工作。從此,張藝謀又迷上了攝影。攝影使他如痴如
狂。他揹著一臺「海鷗」牌相機走遍了八百里秦川的山山水
水。皇天不負有心人,在攝影作品大賽中,他的作品獲得了
一等獎。

考電影學院是張藝謀生命中一次至關重要的機遇,也是
他人生的轉捩點。

那是 1978 年,北京電影學院開始招生,張藝謀的心一
下子熱起來,他知道期盼多年的機遇已經來臨。但他也意識
到,審核可能再次成為他的劫數。可是畢竟這是千載難逢的
一次機會,他一定要親自試一試。

張藝謀爭取到了一次去北京出差的機會,帶著自己精心
挑選的攝影作品,找到了電影學院的招生辦公室。他的作品
所表現出來的優秀藝術素養令老師們大加讚賞,但是,學校
規定招生的最高年齡是 22 歲,而張藝謀當時已經 27 歲了。
制度無情,首先是年齡一項就把張藝謀阻擋在門外,張藝謀
雖然多方奔走,終無結果。

張藝謀失望至極,但仍未絕望,他聽從一位朋友的建
議,寫了一封言詞懇切的信給當時的文化部長,還附帶了幾
張能代表自己攝影水準的作品。

最終,信輾轉到了部長手中,頗通藝術的部長認為張藝
謀人才難得,遂寫信給電影學院,並派祕書前往遊說,終於

使電影學院破格錄取了張藝謀。而且，最使張藝謀感到幸運的是，他竟然莫名其妙地逃過了審核這個難關。

然而，好事多磨。在張藝謀讀完二年級的時候，校方以他年齡太大為由要求他離校。而此時力薦張藝謀的部長已經離職。向誰去求助呢？張藝謀意識到，千里馬常有而伯樂不常有，不能把自己的命運寄託在伯樂身上。自己已進入而立之年，更應該自己掌握自己的命運，而所謂命運，無非就是機會和抓住機會的能力。他硬著頭皮寫了一封誠懇的「決心書」給校長，強烈地表達了自己要求繼續讀書的願望。再加上愛才的老師多說好話，校方終於同意讓他繼續上學。在以後的三年中，張藝謀的攝影水準有了突飛猛進的提升。

畢業後的分發令張藝謀又一次陷入困境。儘管他在學校年年成績優秀，而且他的妻子在陝西工作，但沒有任何門路可求的張藝謀仍被分發到遠在南寧的廣西電影製片廠。命運是不公平的，但張藝謀卻並未因此而沉淪。

廣西電影製片廠地處邊陲，廠小人少、裝置差、技術薄弱。但是這裡也人才匱乏，因此對於像張藝謀這樣的正牌大學生來說，也很容易脫穎而出。

很快廠裡就給了張藝謀一班人一次拍片機會，而這一機會在其他大的製片廠可能要等上好幾年。一個才華洋溢的攝製組組成了，張藝謀擔任攝影。他們取材於著名詩人的一首

敘事詩，演繹成電影《一個和八個》，結果獲得巨大的藝術成就，頗受專家、學者的好評。這部電影開創了中國當代電影史的一個新篇章，成為第 5 代電影人崛起的象徵。該片被評為 1984 年「中國電影優秀攝影獎」。

張藝謀的成功在很大程度上要來源於他對電影藝術的誠摯熱愛和忘我投入。正如傳記作家王斌所說的那樣：「超常的智慧和敏捷固然是張藝謀成功的主要因素，但驚人的勤奮和刻苦也是他成功的重要條件。」

拍《紅高粱》的時候，為了表現劇情的氛圍，他能帶人親自去種出一塊一百多畝的高粱地；為了「顛橋」一場戲中轎伕們顛著轎子踏得山道塵土飛揚的鏡頭，張藝謀硬是讓大卡車拉來十幾車黃土，用篩子篩細了，撒在路上；在拍《菊豆》中楊金山溺死大染池一戲時，為了找一個最好的攝影角度，更為了照顧演員的身體，張藝謀自告奮勇地跳進染池充當「替身」，一次不行再來一次，直到攝影師滿意為止。

1986 年，攝影師出身的張藝謀被點將出任《老井》一片的男主角。沒有任何表演經驗的張藝謀接到任務，二話不說就答應了。

他剃光了頭，穿上大腰褲，露出了光脊背，就吃住在太行山一個偏僻、貧窮的山村。每天他與鄉民一起上山幹活，一起下溝擔水。為了使皮膚粗糙、黝黑，他每天中午光著膀

子在烈日下暴晒。為了使雙手變得粗糙，每次攝製組開會，他不坐板凳，而是學著農民的樣子蹲在地上，用沙土搓揉手背。為了電影中的兩個短鏡頭，他打豬食槽子連打了兩個月。為了影片中那不足一分鐘的背石鏡頭，張藝謀實實在在地背了兩個月的石板，一天 3 塊，每塊 75 公斤。

在拍攝過程中，張藝謀為了達到逼真的視覺效果，真跌真打，主動受罪。在拍「捨身護井」時，他真跳，摔得渾身痠痛；在拍「村落械鬥」時，他真打，打得鼻青臉腫。更有甚者，在拍旺泉和巧英在井下那場戲時，為了找到垂死前那種奄奄一息的感覺，他硬是三天半滴水未沾，粒米未進，連滾帶爬拍完了全部鏡頭。

張藝謀因此而榮獲第 2 屆東京國際電影節最佳男主角獎，第 11 屆百花獎最佳男主角獎，第 8 屆金雞獎最佳男主角獎。

張藝謀用他的經歷啟示我們：如果你能傾生命之全部能量於事業之一點，那麼你必然能得到一個成功的人生。

七、確定目標並不懈地奮鬥

1 目標的前方是成功 ▶

設定明確的目標，是所有成就的出發點，大多數的人之所以失敗的原因，就在於他們從來都沒有設定明確的目標，並且也從來沒有踏出他們的第一步。

當你研究那些已獲得永續成功的人物時，你會發現，他們每一個人都各有一套明確的目標，都已訂出達到目標的計畫，並且花費最大的心思和付出最大的努力來實現他們的目標。

美國《成功》（Success）雜誌的創辦人奧里森·馬登說：「人人都具有理想，它就像一枚指南針，指引人們走上光明之路。」成功之道由自己的積極思維開始。與此緊密相連繫的，是戰勝失敗的決心。有了正確的積極心態，你就能看到周圍的一切存在著無限的可能性與機會。漸漸地，你不但能獲得使自己在日常工作中更傑出的遠見，而且最終會有更加具體的、適合各個方面的人生理想 —— 目標。要取得成功，就必須制定目標。

如果你以為只有特殊重要人物才會擁有生命目標，那就永遠都無法逃離凡夫俗子的命運。

　　不管過去的你怎麼看自己，現在是必須改變的時候。了解自己獨特、與眾不同的一面，接受自己有待實踐的生命目標。如此一來，你的生命目標可能會帶給他人不同的啟示。這一切無須外求，無關乎淵博的學識，或豐富的生活經驗，要做到的僅僅是重視自己，並相信自己的生命與其他人同等偉大。

　　在追求目標的過程中，不懈地努力會讓你體會到成功的高峰經驗。高峰經驗可以讓人清楚自己的長處和生存的特殊價值。在這樣的時刻，你能高度肯定自己，了解自己的存在舉足輕重，進而獲得一種滿足感。高峰經驗的確象徵著不平凡的意義，但問題是，它們是如何產生的？那樣美好的感受該如何創造？以後還會有嗎？

　　找到了生命目標，就好比是找到了開發自我潛能的工具，這是開發生命「礦脈」的關鍵。不論付出多少，只要能發揮自己的潛力，就讓人體會到生命的意義和價值。為了登上生命的巔峰，何不大膽付出，盡情發揮？

　　你過去或現在的情況並不重要，將來想要獲得什麼成就才最重要。除非你對未來有理想，否則做不出什麼大事來。

　　目標是對於所期望成就事業的真正決心。目標比幻想更貼近現實，因為它似乎易於實現。

　　沒有目標，不可能發生任何事情，也不可能採取任何步

驟。如果個人沒有目標，就只能在人生的旅途上徘徊，永遠到不了任何地方。

正如空氣對於生命一樣，目標對於成功也有絕對的必要。如果沒有空氣，沒有人能夠生存；如果沒有目標，沒有任何人能成功。所以對你想去的地方先要有個清楚的認知。

人人都可以從前途看好的企業學到一課，那就是：我們也應該計劃10年以後的事。如果你希望10年以後變成怎樣，現在就必須照做，這是一種重要的想法。就像沒有生活目標的人也會變成另一個人。因為沒有了目標，我們根本無法成長。

法國科學家約翰·法伯曾做過一個著名的「毛毛蟲實驗」。

這種毛毛蟲有一種「跟隨者」的習性，總是盲目地跟著前面的毛毛蟲走。法伯把若干隻毛毛蟲放在一只花盆的邊緣上，首尾相接，圍成一圈。花盆周圍不到六寸的地方，撒了一些毛毛蟲喜歡吃的松針。毛毛蟲開始一個跟一個，繞著花盆，一圈又一圈地走。一個小時過去了，一天過去了，毛毛蟲們還在不停地、堅韌地團團轉。一連走了七天七夜，終因飢餓和筋疲力盡而死去。這其中，只要任何一隻毛毛蟲稍稍與眾不同，便立刻會過上更好的生活（吃松葉）。

人又何嘗不是如此，隨波逐流，瞎忙空耗，終其一生。

一幕幕「悲劇」的根源，皆因缺乏自己的人生目標。

　　古希臘彼得斯說：「須有人生的目標，否則精力全屬浪費。」

　　古羅馬小塞涅卡說：「有些人活著沒有任何目標，他們在世間行走，就像河中的一棵小草，他們不是行走，而是隨波逐流。」

　　你想想這種情況吧！你想想那些人終生無目的地漂泊，胸懷不滿，但是並沒有一個非常明確的目標。你是否現在就能說說你想在生活中得到什麼？確定你的目標可能是不容易的，它甚至會包含一些痛苦的自我考驗。但無論要花費什麼樣的努力，它都是值得的。

■ 2　目標給你的人生使命感 ▶

　　明確的目標給你的巨大好處就是，你的潛意識開始遵循一條普遍的規律進行工作。這條普遍的規律就是：「人能設想和相信什麼，人就能用積極的心態去完成什麼。」如果你預想出你的目的地，你的潛意識就會受到這種自我暗示的影響。它就會進行工作，幫助你到達那裡。

　　如果你知道你需要什麼，你就會有一種傾向：試圖走上正確的軌道，奔向正確的方向。於是你就開始行動了。

　　現在，你的工作變得有樂趣了。你因受到激勵而願意付出代價。你能夠計算好時間和金錢了。你願意研究、思考和設計你的目標。你對你的目標思考得愈多，你就會愈益熱情，你的願望就變成熱烈的願望。

　　你對一些機會變得很敏銳了。這些機會將幫助你達到目標。由於你有了明確的目標，你知道你想要什麼，你就很容易察覺到這些機會。

　　你為自己定下目標之後，目標就在兩個方面發揮作用：它是你努力的依據，也是對你的鞭策。目標給了你一個看得見的射擊靶。隨著你努力實現這些目標，你會有成就感。對

許多人來說，制定和實現目標就像一場比賽。隨著時間推移，你實現一個又一個目標，這時你的思想方式和工作方式又會漸漸改變。

下面舉個真實的例子，說明一個人若看不到自己的目標，將會有怎樣的結果：

1952 年 7 月 4 日清晨，加利福尼亞海岸籠罩在濃霧中。在海岸以西 21 英里的卡塔林納島上，一個 34 歲的女子涉水下到太平洋中，開始向加州海岸游過去。要是成功了，她就是第一個游過這個海峽的女性。這名女子叫弗羅倫絲·查德威克。在此之前，她是從英法兩邊海岸游過英吉利海峽的第一個女性。

那天早晨，海水凍得她身體發麻，霧很大，她連護送她的船都幾乎看不到。時間一個鐘頭一個鐘頭過去，千千萬萬人在電視上看著。有幾次，鯊魚靠近了她，被人開槍嚇跑。她仍然在游。在以往這類渡海游泳中她最大的問題不是疲勞，而是刺骨的水溫。

15 個鐘頭之後，她又累，又凍得發麻。她知道自己不能再游了，就叫人拉她上船。她的母親和教練在另一條船上。他們都告訴她海岸很近了。叫她不要放棄。但她朝加州海岸望去，除了濃霧什麼也看不到。她搖搖頭說：「我沒有能力游到對岸了。」

幾十分鐘之後，人們把她拉上船。又過了幾個鐘頭，她漸漸覺得暖和多了，這時卻開始感到失敗的打擊。事後她對記者說：「說實在的，我不是為自己找藉口。如果當時我看見陸地，也許我能堅持下來。」

人們拉她上船的地點，離加州海岸只有半英里！令她半途而廢的不是疲勞，也不是寒冷，而是因為她在濃霧中看不到目標。查德威克小姐一生中就只有這一次沒有堅持到底。兩個月之後，她成功地游過同一個海峽。她不但是第一位游過卡塔林納海峽的女性，而且比男子的紀錄還快了大約兩個鐘頭。

游泳天才查德威克也需要看得見目標，才能鼓足幹勁完成她有能力完成的任務。可見，制定可測的目標，對於人們規劃自己的成功具有多麼重要的意義。

發明家愛迪生又是一個典型的例子，他以一種使命感追求他自己所定的目標。

愛迪生的重大發明有：留聲機、電氣火車、顯微儀器、建築水泥建築物的方法、蓄電池、製造金屬片技巧、電影攝影機、區域電話訊號箱、汽車發電和供電系統。所有這些，只不過是這位熱切創造者所發明的少數幾樣而已，他的全部發明多得叫人簡直難以相信。

為此，美國國會頒發給他一枚金質獎章，估計他對人類的發明貢獻約值 55.99 億美元。這些發明對今天的人們來

說，價值實在太大了，幾乎非我們所能估計。

而愛迪生的全部學校教育，總共只有三個月的時間。在校期間，他的老師曾說他是一個只會做白日夢的少年，斷言他的一生絕不會有什麼成就。

愛迪生以他對人類的傑出貢獻鑄造了人生的輝煌，那麼，他的祕訣在哪裡呢？

其中之一是，他具有設定目標的能力和追求目標的熱情。一旦設定一個目標之後，他便使他的生活去配合那個目標，使它成為他的生命。因此，他把生命獻給他的目標，並從目標獲得生命，直到「空氣中發出了電的火花」。

他會竭盡所能地去閱讀跟他的計畫有關的書本 —— 讀了一本又一本，讀完了再買。

等他讀夠了書，使他足以從事實驗之後，他才在他的實驗室中開始工作。接著，他不分晝夜地工作，往往在清晨 8 點鐘進入實驗室，不到次日凌晨兩三點鐘不肯罷手。他的注意力總是十分敏銳熱切，連一個動作也不會浪費。他從事數以百計的實驗工作，選取和拋棄實驗模型，忍受不可避免的失敗，但他勇往直前，不達目標絕不罷休。

愛迪生有個明確的目標，並有精審的選擇。他對目標專注和熱情，加上豐富的想像和智慧，使他變成人類史上偉大的發明家之一。

別的國家也崇敬愛迪生。法國與義大利等國，都給了他榮譽頭銜。

他是一個不逃避人生，對設定目標從不苟且的人。

3　找準你自己的箭靶 ▶

　　只要你是一位弓箭手，只要你是一位不安於現狀的人，只要你是個想要有所作為的人，你都會找到自己的目標。

　　以「保住飯碗」為最高目標的人，只能靠著固定薪水勉強度日，這種人一直在原地踏步，並且持續做一成不變的工作，這都是因為他們已在自己的內心裡劃地自限的結果。

　　我們經常聽到下面這些話：現在的成功機會比以前少；我們的國家已發展到停滯的階段，而且也無法再出現更大的成就；世界已被有錢人掌握；成功是有一定範圍的，而且也已經達到飽和。

　　但上述這些話，僅止於一種看法而已，事實上，現在的機會並不比以前少，所缺少的只是想像力而已。

　　福特（Henry Ford），出生於美國密西根州迪爾本村。他歷經挫折製造生產大眾車，終於夢想成真。

　　福特想生產大眾型汽車，但這在當時只是一個偉大的夢想，要實現它注定要付出巨大代價。然而，福特為了自己的追求面對了這一切。

　　首先是知識的不足和資金的嚴重缺乏。為此，他一邊謀

生，一邊學習；為此，他熬過了無數不眠之夜，眼睛總是充滿了血絲；為此，他和妻子搬了幾次家，連他自己都記不清了；為此，他們節衣縮食，但仍然是債臺高築。他在不到兩年內開了兩家公司，但先後被別人驅逐出門，公司只好倒閉了⋯⋯

然而，缺衣少食的折磨和公司倒閉的巨大壓力並沒有使他屈服，他以堅定的信念挺了過來，執著地朝著目標走去。

為了科研開發，他到了著魔的程度。室外白雪皚皚，屋內冰凍嚴寒，他的手指都不能伸直，只好戴上拳擊手套亂打一會兒，再投入工作⋯⋯

終於，幸運之神向他降臨。他生產的 T 型車，改變了汽車為富人獨占的歷史，改變了人們的思維方式、人與人之間的關係，把人類推向了一個新時代。

1920 年代，是美國汽車工業全面發展的時期。這時，新型汽車層出不窮，絢爛多姿，不斷滿足著人們的不同需求，可是福特汽車公司的 T 型車仍保持著其單調的黑色和沒變化的車型，曾經風靡世界的 T 型車日益失去市場。

怎麼辦呢？

福特看準目標，不動聲色地買了一些廢船，用它們鍊鋼造車來降低成本。不久，他突然大張旗鼓地宣布生產 T 型車的工廠全部停產，但不公布原因。而且，人們看到：工人並

沒有被解僱而照常上班。新聞界大惑不解,各種新聞媒體爭相報導這一消息,於是,人們出於好奇普遍關注起福特汽車製造公司了。

而福特呢?卻在悄悄地研製一種外觀新穎又古樸典雅、效能更好、價格更便宜的 A 型車。結果,正如福特所料,半年後 A 型車上市時,引起了空前的轟動,銷售量劇增,又重新占領了過去的市場,福特汽車公司因此成為世界上最大的汽車公司之一。

凡是高喊「沒有機會」的人,其實是在為自己的不願承擔責任和不願動用想像力找藉口,福特的「故事」就是最好的例子。

務必要把這種找準自己箭靶的欲望和意願納入你的明確目標,而且千萬別小看它的價值。

■ 4　有遠大的目標，就有偉大的成就　▶

　　目標遠大會給人以創造性火花，使人有可能取得成就。正如約翰·賈伊·查普曼說的，「世人歷來最敬仰的是目標遠大的人，其他人無法與他們相比……貝多芬的交響樂、亞當斯密的《國富論》，以及人們贊同的任何人類精神產物……你熱愛他們，因為你說，這些東西不是做出來的，而是他們的真知灼見發現的。」

　　成功人士都是這樣取得成功的。奧運金牌得主不光靠他們的運動技術，而且還靠遠大的目標的推動力，商界領袖也一樣。遠大的目標就是推動人們前進的夢想。隨著這夢想的實現，你會明白成功的要素是什麼。沒有遠大的目標，人生就沒有瞄準和射擊的目標，就沒有更崇高的使命能給你希望。正如道格拉斯·勒頓說的，「你決定人生追求什麼之後，你就做出了人生最重大的選擇。要能如願，首先要弄清你的願望是什麼。」有了理想，你就看清了自己想取得什麼成就。有了目標，你就有一股無論順境逆境都勇往直前的衝勁，目標使你能取得超越你自己能力的東西。

　　人都會有這樣的體會：當你確定只走一公里路的目標，

在完成 0.8 公里時，便有可能感覺到累而鬆懈自己，以為反正快到目標了。但如果你的目標是要走 10 公里路程，你便會做好準備，發揮各方面的潛在力量，走 7、8 公里，才可能會稍微放鬆一點。可見設定一個遠大的目標，可以發揮人的很大潛能。

一個人之所以偉大，首先是因為他有偉大的目標。偉大的目標為何能使人偉大呢？

所謂偉大目標，無非是要做大事，考慮更多的人、更多的事，在更大的範圍裡解決更多的問題。比如做一個社會活動家或政治家，為人類和平繁榮而奮鬥；做一個大律師，為國家的法制之明而奮鬥；做一個企業家、億萬富翁，做一個有作為的市長等等。

因為你要解決大問題，為很多人服務，你就得要有大本事，要有很多知識、技能，有時甚至要超越個人的得失，做出某些重大犧牲。在這一過程中，你逐漸變得有超乎常人的知識、能力，胸懷寬廣，大公無私，以你獨有的方式為人民、為國家、為人類的進步服務。當這種服務取得成效後，自然能得到社會和人民的認可與尊敬 —— 你便逐漸變得偉大。

約瑟夫‧普立茲（Joseph Pulitzer）是世界公認的報業鉅子。他生於匈牙利，後來一無所有地來到美國，開始了他的報業生涯。

　　西元 1878 年，剛剛結婚的普立茲以 2,500 美元買下了因
連年虧本而被迫拍賣的《聖路易斯快報》。普立茲看中的自然
不是這家報紙不到 2,000 份的發行量，而是它所持有的美聯社
的特許證。憑著這份特許證，曾經經營過《西方郵報》的普
立茲可以在自己所喜愛的報紙業中大展身手了。也是天遂人
願，正在這時，當地的另一家報紙《聖路易斯郵報》也因發
行量不足而陷入困境。《郵報》的老闆約翰‧A‧狄龍主動找
到普立茲，提出在平等的基礎上兩報合作，這正中普立茲的下
懷。於是，兩家報紙合併為《聖路易斯快郵報》，由普立茲具
體負責。接管報紙後，普立茲經過反覆考慮，認為：一家報紙
要生存下去並發展，就必須提高發行量。而提高發行量，需要
把報紙辦出特色來。他決定以揭露社會弊病來贏得讀者。這也
許與普立茲本人的性格特點有關。他是一個具有批評眼光的
人，永不滿足、追求美好是他的天性。在他的一生中，他批評
接觸過的一切事物。因此，在辦報伊始，他就自然地把這一特
點用在了報紙上。新的《聖路易斯快郵報》發行了，它以對
弊端犀利而巧妙的揭露、諷刺迅速引起了讀者的關注，他們感
到普立茲的報紙說出了他們壓抑在心裡的話。同時，《快郵報》
還顧及普通階層，經常登載一些具有趣味性的內容，這些內容
很符合一般商人、工人和主婦們的口味。因此，《快郵報》顯
示出了旺盛的生機，讀者越來越多，發行量直線上升。

在宣傳媒介上毫不留情地揭露社會弊端，必然要遭到被揭露者的仇恨。《快郵報》的一名記者根據一份關於娼妓活動的年度報告寫了一則特別新聞，在報紙上公布了一批妓院主的姓名和地址，這大大地激怒了這批在地方上頗有勢力的人物，他們紛紛出來惡語中傷《快郵報》。有一次，普立茲在報上開展了 3 個星期的反逃漏稅的活動，連續對當時常見的這種現象進行揭露，結果也得罪了商業界的一些人，他們紛紛從《快郵報》撤回了廣告，使《快郵報》遭受了不小的經濟損失。《快郵報》的發行量迅速增加，自然也招致了報業同行的嫉恨。《環球民主報》首先發起攻擊《快郵報》，說它是「虛假的編制，卑劣的煽情主義」，其他一些報紙也相繼加入對《快郵報》的攻擊行列。

面對不利的環境和各方面的壓力，普立茲堅持自己的方針，毫不動搖。他在一封答覆信中態度明確地表示：「我們的報紙的確不拘一格，但它是今天世界上旗幟最鮮明的道德的代言人。罪惡、卑鄙和腐敗最害怕的就是報紙，因而任何法律、倫理和規章制度都無法與報紙相比。」無論是來自經濟界還是同行，無論是來自基層還是來自上層，各種壓力都沒有使普立茲低頭。因為，他的做法最符合一般讀者的利益，最受一般群眾的歡迎，發行量的提高，就是他對付各種壓力的最有力武器。

　　普立茲經營《快郵報》不到一年的時間，這份報紙就已經取得了穩固的地位。西元 1879 年 11 月，狄龍把自己在報社的那一半股份以 4 萬美元賣給了普立茲，於是，《快郵報》成了普立茲自己的報紙，從此銷量更加扶搖直上。到西元 1879 年底，其發行量達到 4,984 份。到次年年底，發行量直線上升到 8,740 份。而到 1881 年 3 月，其發行量達到 12,000 份。過了一年半，又躍升至 22,300 份。

　　可見，有偉志才能成就偉業，目標遠大，才能成就偉大的事業。

■ 5　把鍥而不捨的精神用在刀口上　▶

　　成功者應該如同情場上的白馬王子。他鍥而不捨地追求自己的目標,直至征服驕傲的公主為止。

　　失敗者常常混淆了工作本身與工作成果。他們以為大量的工作,尤其是艱苦的工作,就一定會取得成功。但任何活動本身並不能保證成功,並不一定是有利的。一項活動要有用,就一定要朝向一個明確的目標。也就是說,成功的標準不是做了多少工作,而是做出了多少成果。

　　迪士尼(Walt Disney),生於美國芝加哥市。在他的一生中,從為了生存而歷經坎坷,到把快樂送給人間,伴隨著他的是不懈追求目標的精神和忘我的工作。

　　第 36 屆美國總統詹森說:「他所創造的真、善和歡樂將永世不朽。」

　　迪士尼的小小攝影棚由於種種原因不復存在,於是,他要破釜沉舟。他咬牙把自己的積蓄全拿了出來,租了一幢小樓房,又僱了 3 個喜歡卡通藝術的青年。最後,他賭上了自己最後的退路:辭去在堪薩斯市電影公司的工作。就這樣,

他把自己置於死地，只能決心奮勇向前了。他終於取得了事業的成功。

迪士尼被成功鼓舞著，興高采烈。然而，他卻忽視了：自己被人出賣了，賣得只剩下他自己。

不過，對手也忽視了，忽視了他的個性。他喜歡穿運動服，色彩越醒目越好；他極少表達自己，也很少當面誇獎他人；在他的製片廠裡，只要不影響工作，工作人員可喝酒，隨便走動，不拘禮節地直呼其名。更主要的，他崇尚獻身精神，認為只要創業，就要有鍥而不捨的精神，就應努力追求。

這種個性，尤其是為了事業拚命工作的個性，是任何一個成大器者必備的素養。這種素養往往令人敬畏。聰明的對手很少與這種人作對。可是陰險奸詐的米茲卻要這樣做。於是，米茲就自找難堪，使自己更難出人頭地，反過來卻更快地把迪士尼推向了事業的頂峰。

迪士尼拍成《米老鼠》的最初兩部後，他開始在紐約找發行管道，結果沒人樂意跟他簽約，令人失望。

失敗的原因在哪裡呢？他很快發現，他原先拍的奧斯華的形象太耀眼了，米老鼠由於不能給人一個全新的形象，被奧斯華的光華完全遮掩了。

當時，電影業已出現了被影業稱為「革命性轉變」的有聲電影，大多數製片人卻從沒想到卡通會是有聲的。「為什

麼不製作有音效的卡通？」迪士尼興奮不已，他為自己的思維超越常規而振奮，因為他想來一次「卡通革命」。

1928 年 11 月 18 日，世界上第一部有音效卡通的《汽船威利號》上映，轟動的情形竟讓迪士尼目瞪口呆。觀眾激動得狂呼亂叫，報刊評論沸騰，電影公司紛紛來談生意。

迪士尼多次被人愚弄，有米茲的偷挖牆腳，有包維斯的口蜜腹劍等等，使他蒙受巨大損失。

1932 年，「米老鼠」已風靡全美，鋪天蓋地，成為全美最風行的文化指標之一。僅「米老鼠」的會員就有 100 多萬人。許多政界、經濟界要人和社會名流都喜歡它。卓別林也是「米老鼠」的粉絲。

1923 年，迪士尼闖蕩好萊塢。當他踏著夕陽在拉布瑞大道上踽踽而行時，最大的心願就是見到卓別林。1932 年，他終於如願以償。兩人一見如故，談得十分投機。

談話間，卓別林以自己的切身經驗忠告迪士尼：「你才華有餘，但卻世故不足，易上當受騙，易不覺中被人坑害。」他真摯地說：「你如果想有所發展的話，就必須要有足夠的能力控制你所有的一切。」、「要保持獨立，必須擁有你所控制的每一部影片。」

這切中了迪士尼的要害，令迪士尼不得不由衷點頭，這些話使他受益終生。

　　1937 年《白雪公主》的成功，使迪士尼躋身美國影業鉅子之林，成了美國著名的藝術家、實業家。1938 年的最後幾個月，他興沖沖地決定擴大公司，不久之後談了三部片子，希望能像《白雪公主》一樣帶來鉅額利潤。

　　當時不少圈內圈外的人對此持有異議，說投資不留餘地，結果未必令人滿意。可是迪士尼認為這是無聊的嫉妒，一笑置之。

　　不久，世界政治、經濟形勢發生了重大轉折。第二次世界大戰爆發，法西斯國家與美國的貿易中斷，參戰國與美國的貿易也相對減少。國內，經濟結構、人們的消費心理也因戰爭發生了變化，人們的心轉向血與火的戰場，迪士尼的閒適、滑稽已與周圍環境格格不入。因此，迪士尼花血本投資的三部片子造成了巨大虧損。

　　教訓何在？在於迪士尼決策時頭腦發熱與自負，無視市場變化。因而，冷酷無情的市場給了他一次深刻的教訓。

　　這時，迪士尼想建造一個迪士尼樂園，他被自己的夢想迷得寢食不安。可是，他缺乏資金，董事會反對他的這個夢想，不予解決錢的問題。

　　於是，他直抒胸臆，熱淚直流地面對董事們：「以前我們興旺發達，那是因為勇於冒險嘗試新事物。我們的公司不能止步不前。我要弄出些新東西來。」董事們終於被打動了。

　　就這樣，第一份樂園鳥瞰圖和完整表述樂園意義的構想確定了下來，也就有了聞名於世的「迪士尼樂園」。

　　迪士尼的故事告訴我們這樣一個道理：如果你制定了目標，又定期檢查工作進度，你自然就會把重點從工作本身轉移到工作成果。單單用工作來填滿每一天，這是不能接受的。做出足夠的成果來實現目標，這才是衡量成績大小的正確方法。隨著一個又一個目標的實現，你會逐漸明白要實現目標需要花多大的力氣。你往往還能悟出如何用較少的時間來創造較多的價值。這會反過來引導你制定更高的目標，實現更偉大的理想。隨著你的工作效率提高，你對自己、對別人也會有更準確的看法。

■ 6 不放棄最後的努力 ▷

商界鉅子 J‧C‧賓尼說：「一個心中有目標的普通職員，會成為創造歷史的人，而一個心中沒有目標的人，只能是一個普通的職員。」

哈默是美國的實業家兼商人，他追求目標，有一種鍥而不捨的精神。正是這種鍥而不捨的不放棄最後努力的追求精神，成就了他的大業。

1969 年，哈默踏上了利比亞的土地。國王伊德里斯一世在王宮的宴會上對哈默說：「真主派您來到利比亞。」這話表示了這位鬍子全白的西奴西部落的領袖對哈默這個世界名人的尊重與敬佩。

哈默到了利比亞才發覺，除了美國為維持其轟炸機基地而支付的費用外，利比亞幾乎無其他外來財政資助。在早年義大利占領期間，墨索里尼為尋找石油花費了千萬美元而一無所獲。埃索石油公司也花費了數百萬美元，打了好幾口井仍找不出一點油，只好打道回府。另外還有殼牌公司，耗資 5,000 萬美元打出的全是廢井，法國公司也好不到哪裡去。

哈默到達利比亞時，正值利比亞政府準備進行第二輪出

讓租借地的談判，出租地大多是原先某些公司所放棄的地域。根據利比亞法律，各國的石油公司應盡快開發其租得的地域，如找不到油，就須將部分租借地歸還利比亞政府。

談判開始後，來自 9 個國家的 40 多個公司參加了投標。這些公司大致分為三類公司：一類是財大氣粗的國際性大石油公司，像埃索、美孚、殼牌等；第二類是像哈默這樣的西方石油公司。它們的規模較小，但具有產業經驗，利比亞也希望其參與競爭；第三類是一些投機性的轉包公司，希望得標後再轉手賣出，以從中漁利。

儘管哈默和伊德里斯國王建立了良好的私人關係，但公司的勢力還是很有限的。哈默與匆匆趕來的董事們分析了第二輪談判的形勢，在 4 塊租借地上投了標。等到開標時，哈默得到了其中的兩塊。一塊是被殼牌等幾家組成的「沙漠綠洲」財團認為無望出油而放棄的；另一塊是莫爾比石油公司耗資百萬美元盡是乾井匆匆撤走的地塊。

哈默對得標的兩塊地並不很滿意。但他還是下了大本錢，立即開始打井。剛開始，公司在第一塊租借地打的頭 3 口井滴油不見。西方石油公司第二大股東里德堅持要撤出利比亞，他說：「這裡不是我們這樣的小公司應該去的地方，已扔了 500 萬美元，還能扔得起多少？」

這是一番經驗之談。小公司不可能花大本錢開採這種沒有幾分把握的地塊。但是哈默的第六感卻促使他堅持在這裡

打下去。他認為應該不要放棄。

　　幾週後，一臺西方石油公司的鑽機在幾家優柔寡斷的大石油公司所放棄的地塊下面鑽出了油，接著又打出了 8 口油井。而且這是一種異乎尋常的高階原油，含硫量極低，每天可產 10 萬桶原油。

　　更重要的是，這個奧吉拉油田在蘇伊士運河以西，產出的石油通過地中海和直布羅陀海峽，不到 10 天就可以運抵石油奇缺的歐洲國家。而當蘇伊士運河不通時，大量的阿拉伯石油被迫繞道好望角歷時兩個月才能運抵歐洲。

　　與此同時，哈默的好運氣又在第二塊租借地上出現了。西方石油公司利用新的地震勘探技術，僅耗資 100 萬美元就打到了一口珊瑚礁油藏，不用油泵，石油也會無休止地噴湧而出。不久又打出了第二個日產 7.3 萬桶原油的珊瑚礁油藏。

　　至此為止，哈默這個規模不大的西方石油公司竟成了利比亞最大油田的主人。他得到了比奇特爾公司的支援，著手進行一項耗資達 1.5 億美元的油田開發計畫。要鋪設一條耗資巨大的輸油管道，全長 130 英里，日輸送原油 100 萬桶，是利比亞境內最大的輸油管。

　　哈默這種「追求目標，不放棄最後的努力」的執著精神，是我們每個創業者必須學習的。淺嘗輒止，遇難就退，是成功的大忌。

■ 7　用遠大的目標戰勝你的噩運

　　如果你存在「噩運」的觀念，並時常被它困擾，它就會壓垮你的創造本能。

　　再說，這種觀念也是虛妄不實的。因此，只要你認為你的「運氣」不佳，你就可以改變你的「運氣」。

　　奧里森‧馬登說：「世界上沒有輕而易舉的運氣，唯有看準目標，把握時機，勇於探索。這樣，才能有好運隨身。」

　　我們並不絕對否定世界上有所謂「運氣」這回事，但運氣多半在你自己手裡。人人都曾有過運氣不佳的時候；人人都曾受過挫折。但有些人是自討失敗，有些人則抖掉「噩運」，踏上成功之路。一般而言，只要意志堅強，皇天就不會辜負苦心人，總有打破僵局，獲得成功的時候。

　　有些人甚至化險為夷，把噩運變成有利的機會。

　　偉大的短篇小說作家歐‧亨利，在被控挪用公款之前，只是一個默默無聞的人物。不過，雖然他否認被控之事，卻被判坐了 3 年的監牢。

　　他在坐牢期間開始創作短篇小說，結果使他名揚天下，轉禍為福。

　　歐·亨利把坐牢的時間做了適當的運用。如果是別人，也許只詛咒法律不公，擔心人們對他會有不利的想法，或只管埋怨他的運氣太壞，而浪費了大好時光。

　　數年前，有一個人在電視上現身說法，敘述他如何絕望而自殺，結果自殺未遂，卻把自己的眼睛弄瞎了。經過這一件悽慘的事件之後，他恢復了理智，最後並得到了幾個學位，成為作家兼講師，成績非常可喜。若是另一個人，也許只會詛咒那個使他自殺未遂或造成嚴重殘廢的事實，以悲嘆自己的命運而虛度一生。

　　當你發覺在抱怨自己的「不幸」時，不妨想想這些故事。你必須擊退這種「運氣不佳」的想法，就像你必須擊退來犯的敵軍一樣——因為，你面對的正是這種死敵。

　　改變你的「運氣」的積極方法，是不去理會或遠離你的消極情緒，而把精神專注於過去成功的信念上。然後，你運用這種信念，朝你目前的目標挺進。

　　你可以這樣想：沒有人能夠忘掉自己的失敗。但你能夠。

　　當你向目標挺進時，你愈能把精神集中在過去的成功上，愈能感到內心的自信。

　　你可以用這種方法改變你的「運氣」。

　　再說一句：你的心是一個戰場，你必須在你的心中打贏你的戰爭。

8 　將目標有步驟地付諸行動 ▶

　　每個成功者都是扎扎實實的實業家，他們的成功都是靠把遠大目標與現實行動相結合而一步步實現的。在現實生活中，願望大家都有，為什麼有的人能夠「夢想成真」，而有的人只能「一枕黃粱」呢？

　　事實上，願望是成功的一個前提，但它並不能直接帶來成功。只有將願望變成一種堅定的信念，然後籌劃穩妥的路線和方法，並以堅忍不拔的精神實現這些計畫，才會帶給你最後的成功。

　　要成功，必須先要有堅定的信念和明確的目標。然後，你再按步驟行事。

　　拿破崙·希爾在其所著《以智聚財》一書中提出了使願望轉變為財富的六個步驟：

1. 在你的心裡，必須確定你所期望的賺錢數目，僅僅說「我需要許多錢」是不夠的，必須決定錢的數目。

2. 確確實實地決定，你要以什麼來換取你所需要的錢，世界上沒有不付代價而能獲取的東西。

3. 規定一個日期，一定要在這日期之前把你所期望的錢賺到手。

4. 擬定一個實現你的目標的計畫，立刻著手進行，不論你是否準備妥當，一定要把這個計畫付諸行動。

5. 把你想獲得金錢的數目列一張簡明的清單，附上賺到手的期限，以及為賺到這些錢所需要的條件，把計畫中你如何聚集這些錢的過程敘述清楚。

6. 每天早、晚兩次大聲朗讀你的計畫內容。當你朗誦時，你必須看到、感覺到，並相信你自己一定能實現目標。

將願望有步驟地付諸行動，那麼你就能獲得成功。

曾被《美國航運》雜誌譽為「海上之帝」的張榮發，《富比士》雜誌稱讚他是「當代最偉大的航運鉅子」。在 1987 年～1988 年度由《富比士》公布的全球億萬富豪排行榜中，張榮發兩次入榜，為世界 10 億美元以上的富翁之一。在 1993 年臺灣 100 家大富豪中，張榮發名列第六位。其資產總值為 937 億元臺幣，營收總值為 476 億元臺幣，財富淨值 500 億元臺幣，1994 年其財富淨值達 550 億元臺幣。張榮發賺錢的高招是把巨大的目標分割成一個個具有極強的可操作性的步驟，逐一去實現它。

■ 9　化整為零，逐一克服 ▶

　　把整體目標分解成一個個容易操作的小目標，然後一個一個地去突破。這樣積少成多，積小成大的辦法是成功的必經之路。如果你不像這樣有計劃地分解大目標，就不可能實現自己的理想，成為成功人士。你要經常地問自己，我已經記下了為實現理想必須達到的兩個至五個目標了嗎？這個問題能幫助你弄清定下的目標是否寫齊了。如果你的理想要求你達到另外幾個目標，就把這幾個也寫下來。把目標都記下來之後，你就可以著手制定成功的戰略了。

　　把你的目標想像成一個金字塔，塔頂是你的整體目標。你定的每一個目標和為達到目標而做的每一件事情都必須指向終極目標。

　　金字塔由 5 層組成。最上的一層最小，是核心。這一層包含著你的人生總體目標。下面每一層是為實現上一層的較大目標而要達到的較小目標。這五層可以大致表述如下：

　▶ 總體目標：這包含你整個商業活動中要達到的若干具體目標。如果你能達到或接近這些目標，你就是盡了全力實現你自己定下的終極目標了。

▸ 長期目標：這些是你制定的為實現總目標而要進行的方向。一般地說，這些是你計劃用 10 年時間做到的事情。雖然你可以規劃 10 年以上的事情，但這樣分配時間並不明智。目標越遙遠，就越不具體，就越可能夜長夢多。但制定長期目標是重要的。沒有長期目標，你就可能有短期的失敗感。

▸ 中期目標：這些是你為達到長期目標而定的策略。一般地說，這些是你計劃在 5 至 10 年內做的事情。

▸ 短期目標：這些是你為達到中期目標而定的方針。實現短期目標的時間為 1 年至 5 年。

▸ 日常規劃：這是你為達到短期目標而定的每日、每週及每月的任務。這些任務由你自己分配時間的方式而定。

通用公司是人類工業史上的一個奇蹟，通用公司的發跡史又是現代經營管理上的一個成功例證。美國通用公司的發展歷史，實際上也貫穿著經營家們角逐商場，將目標有步驟地付諸行動的歷史。

羅傑‧史密斯是通用汽車公司的一位傑出人物。他於 1981 年登上了通用公司董事長的職位，他在 10 年時間內，對通用公司進行了巨大的改革。在這場改革中，過去傳統的每一種生產流程都受到衝擊，每一種方法，每一個工廠和每一件產品，幾乎都經過了改動和更新。這場改革是巨大的工

程，羅傑的改革，幾乎等於建立了一家新的公司。

羅傑的行動是從 3 個方面開始的。他採取的第一個措施是實現改善產品形象的目標。在羅傑的授意下，通用公司宣布將通用新型車傳動系統的保固期提高到 6 年或 6 萬英里，防腐保固期提高到 6 年或 10 萬英里，這項措施不會花費很多錢，但卻進一步改變了通用公司的形象，爭取到了更多的顧客。

羅傑採取的第二個措施是實現改變公司形象的目標。羅傑讓人吃驚地花費了 50 億美元回購通用公司 20% 的普通股票，成為美國公司歷史上最大的股票回購。這一舉措對通用公司的股票上漲產生了巨大的效力。就在羅傑釋出這個消息的第二天，通用的股票價格就上升了 4 美元。除此之外，在通用公司投資實施的高新技術不斷完善的過程中，羅傑還組織了金融界最具權威的分析家，到通用公司改革後技術先進的生產廠參觀汽車的生產。羅傑投資改革開發的這些新技術給了這些金融分析家們足夠的信心，在隨後的金融分析中，通用公司的金融情況被行家們一致看好，這使得通用公司的股票只用了 3 週時間就從每股 86 美元漲到了 92 美元，達到了 15 年來的最高值。而在這之前，通用公司曾回購了 110 萬股股票，股票的再次上漲，又使得公司轉手就發了一筆為數可觀的大財。

羅傑採取的第三個措施是實現削減生產資金，降低生產

費用的目標。羅傑削減生產資金的數量是震撼人心的。羅傑計劃從 1987 ～ 1990 年將削減資金 100 億美元。這個龐大的數字確實表現出了羅傑在經營管理上的大家風度。要知道那時採取這項措施的時候，通用公司正處在獲利最高的時期。但羅傑毅然放棄了過去那種以高成本為代價，只追求市場占有率的經營思想，而是代之以努力減少生產，將效率差的工廠轉為少數更現代化的工廠，從而獲得利潤的新型經營觀念。這樣，羅傑大刀闊斧地削減的這 100 億中，包括關閉 11 家工廠，出賣大客車業務，退出載重卡車的生產。自然減員和退休使人員減少 4 萬，由此在 1989 年後節省 20 億美元；提高行政效率減少費用每年可節省 2 億美元；消除缺乏競爭力的零部件廠每年減少支出 5 億美元……

羅傑的幾番努力在他上任後的幾年裡終於逐漸有了結果。通用公司的資本支出從前幾年的 100 億美元，降到了 65 億美元，許多分公司的綜合收入很快增長了 55%，10 年來一直虧損的許多海外子公司也開始獲利。這時，對於羅傑領導下的通用公司，即使是最謹慎的觀察家也認為，通用公司的最困難的時期已經過去了。羅傑在經營中的一系列策略和有步驟的措施，為通用公司帶來了生機和活力，從而挽救了通用一度在經營和形象上落後於福特和克斯勒的不利局面，迎來了通用公司經營和發展史上的又一個高峰。

10　全力以赴鑄造輝煌 ▶

　　盡力實現你的目標吧！要全力以赴，並且讓目標為你帶來成功所需要的「自動調整能力」。那些高階層的成功人物都完全投入自己的目標。

　　我們常常會在假日早上醒來時覺得，今天沒有什麼重要的事情急著做，於是東摸摸，西逛逛，就這樣糊里糊塗過了一天，什麼事情也沒做。但是當我們有一個非做不可的計畫時，不管怎樣多少都會有點成績。

　　這個普遍的經驗含有一個重要的道理：想完成某件事，就必須先有計畫。

　　第二次世界大戰之前，科學家已經了解了原子內部的能量，但是當時對於「如何分裂」以及「如何應用」所知不多。美國參戰後，準備盡快發明原子武器，並擬出了計畫。經過無數的實驗與研究，終於有了結果。如果沒有計畫來推動的話，原子分裂可能延後 10 年或更久才辦得到。

　　所以說目標會使事情早日完成。

　　如果工廠的主管沒有一個固定的工作進度，生產系統就會陷入困境。銷售主管知道，如果銷售員有預定的銷售配

額，賣出的商品就會更多。大學教授也知道，考試時如果先訂下該次考試的截止時間，學生都會準時交卷。

當你追求成功時，先設定你的目標，例如截止期限、完成日期以及強制配額等。因為你只能完成「計劃去做的事項」中的一部分，而無法完成尚未計劃的事。

結束生活最快的方法是什麼也不做。每一個人至少必須有一個興趣，以便繼續活下去。

你的生命自有意義，而生活中的各種經驗，不論是自我探索或是與他人交往，都會賦予生命不同的光彩。所以，過「好」生活的要訣即是——時時全心全意向你的大目標衝刺，把它當作生活最高指導原則。這就是用心生活的不二法門。

如此一來，生活將更為多彩多姿。然而，無可避免的是：你必須時常接觸他人，面對自我。不過，既然決定了要接受這項挑戰，就該責無旁貸地面對生活上的種種轉變。只要確立了大目標，無論是選擇認真生活，或是閒散度日，都不能再逃避。

竭盡所能去達成生活目標的同時，還要時時接受新觀念的洗禮。然而，過著有目標的生活並不意味著事事順遂。相反地，你可能會遭遇許多問題。但是每一次的挑戰與挫折，都是值得記取的教訓。如果能以開放的心情接受，會使生活的層面更多元化，生命的視野因而拓展，觸角也會延伸。此時，你會發現：自己正以無比的熱情奔向那未知的目標。

八、讓生命在鍛造中獲得新生

1 成功是每個人的夢想 ▶

　　追求人生的成功是生命的天性，每個人都渴望成功。因為，生命對於每個人都只有一次，所以我們希望它有聲有色，希望它轟轟烈烈，希望它是一個輝煌成功的人生，而不是一個碌碌無為、虛度年華的人生……

　　成功意味著許多美好的事物；成功意味著個人的欣欣向榮；成功意味著更好地享受生活；意味著獲得讚美，贏得尊敬；成功意味著自由；更重要的是，成功意味著生命中更多的快樂與滿足，意味著勝利，意味著最大限度地實現自我價值。

　　沒人喜歡終日唯唯諾諾，看人臉色；沒人喜歡成為一個可有可無的二流角色，只能受人擺布，平庸地度過一生。可以說，每個人來到世上就是為了獲得成功，就是為了不斷成長，不斷向更高處前進。

　　然而事實上，成功者只有少數人，更多的人似乎沒有這種幸運，終其一生都過著普通人的生活，永遠找不著通往成功之路。

　　成功之路在何方？哲人曾說：「世上本沒有路。」

　　人來到這個世界，總帶著太多的迷茫。他不知道自己從
何而來，再往何而去；他不知道自己是誰，也不知道為何而
存在。哈姆雷特式的提問：「活著，還是死去？」永遠像一
個不解之謎困惑著一代又一代聰明的人。

　　「主啊，生命為何如此沉重？」虔誠的信徒問道。

　　「因為，你一生在背負著自己。」主回答。

　　是的，一生我們都在背負著自己。失去了自我，生命也
就失去了存在的價值。我們背負著自己從一個地方到另一個
地方，這就是自我的實現，這就是生命的價值所在。

　　一位智者曾說：「生，非我所求；死，非我所願；但生
死之間的歲月，卻為我所用。」所以，當我們仰首感嘆如煙
的往事時，不如低頭照顧一下眼前的爐火，把握現在的光和
熱。當我們依戀枕邊，想重拾昨夜的幻夢時，不如振作而
起，掌握美好的今天。把握生命中的每一天，讓它過得光
榮、尊貴、平和而富有價值。唯有積極進取的生活，才是唯
一真正的生活。

　　你要有足夠的勇氣和自信面對人生道路上的黑色陰影。
它們是陰鬱、詭祕、不可測知的消極力量，卻又是每個追求
成功者必須面對的問題：受制於人的處境；他人設下的陷
阱；沼澤般難以自拔的心理誤區……懦弱者會被這些黑色的
幽靈嚇倒，而真正的猛士則可以操縱自我的心智，跨越道道

障礙，打破重重險阻奮力前行。

要記住，生命之權操之在己。不管別人有多少意見，不管生活中有多少艱難困苦，生命之舟的掌舵者依然是你自己。既然生活是自己的，那就該由自己負責到底。

成功的人生旅程中最重要的事，就是積極生活，做生命的主人，使自己的一生過得轟轟烈烈，壯麗輝煌。

依照別人的期盼或指示而生活，是一件令人難以忍受的事。儘管你我都希望自己能與他人分享心得，共同成長，但這並不表示事事都得聽由他（她）們決定。生活中仍然需要完全屬於自己，不容他人打擾的空間。

提升生活的第一步，就是學會對自己負責。在決定繼續深造或選擇工作時，要想清楚自己的動機，是為了追求自我實現，還是為了別人？不妨問問自己，這一生中最重要的是什麼呢？

或許你已經感覺到，自己雖為某人犧牲大半的青春歲月，卻不但得不到感激，反而與對方日漸疏遠，彼此埋怨。如果是這樣，又有什麼生活品質可言呢？所以，在尋找別人忠告、指導或是肯定時，千萬要小心，不要糊里糊塗把一切的決定權交給他人。如果出了什麼差錯，又是誰的責任呢？

生命是自己的。想活得積極而有意義，就要勇敢地挑起生命的重責大任。沒有人能領你走一輩子，只要不辜負每一

個日子，每天有新的收穫，美好的生活就能靠你自己創造。

　　為自己負責，是一項艱難又費時的挑戰。要先了解自己，發掘自己的優缺點，再不斷調整及修正。還得注意不受主觀成見的影響，逐一吸收於己有益的經驗，一段時間之後，你一定會愈來愈喜歡自己。

　　如果你常常想取悅他人，就要好好反省自己，是否有推卸責任的傾向？明明不同意，卻口是心非；有意見，卻偏偏不說，只知道忍耐。換來滿腹委屈後，才覺得被人指使，沒有自我。只要你全力改進，就會逐漸平靜。就會懂得愛自己，對自己負責。如此你的心中自然就會有一份歸屬感，你自然也就會積極生活於現實中，去創造成功的人生。

■ 2　喚醒你沉睡的心靈 ▶

要將成功的夢想變為現實，要使平庸的生活變得精彩，我們必須充分發揮我們的一切能力，尤其要喚醒我們沉睡的心靈。

在每個人的身體裡面，都潛伏著巨大的力量。這些力量，只要你能夠發現並加以利用，便可以幫助你成就嚮往的一切東西。

人有著巨大的潛在力量。這種潛力要是能夠被喚醒，就能做出種種令人驚奇的事情來。然而大部分人都沒有意識到這一點。病人在病勢垂危、呼吸困難時，在聽了醫師或親友的一席熱烈懇切的安慰後，竟然起死回生。這種情況在醫生看來，是很平常的事，但在別人看來，則很可能會想到天意與神的保佑。其實，對一般人來說，疾病之所以置人於死地，首先是因為病人也失去了對生命的自信。

同樣的道理，世界上有無數庸庸碌碌的人，有些人竟然到了難以自立的地步，但只要能夠激發他們體內的一小部分潛能，就可以成就他們偉大的、神奇的事業。

人們的身心其實封鎖著極大的內在力量。比如，看到有人遇到某種意外事件或災禍時，一般人都會奮不顧身地去救

他。實際上，每個人都具有潛在的英雄品格，而意外事件和災禍不過是催化劑，使人有了顯露這種品格的機會。我們常常看到，一個人在災禍臨頭時能做出的事情是令人驚嘆的。

在人的身體和心靈裡面，潛伏著一種永不墮落、永不敗壞、永不腐蝕的巨大力量。這種力量一旦被喚醒，即便在最卑微的生命中，也能像酵素一樣，對身心產生發酵淨化作用，增強工作力量。

在有些時候，人會有機會看到自己的內在力量，比如在失去一個摯友的時候，發現了自己從未發現過的能力；有時讀了一本富有感染力的書，或者由於朋友們的真摯鼓勵，也能發現自己的內在力量。但無論用何種方法，透過何種途徑，一旦激起內在力量後，你的行為一定會大異於從前，你就會變成一個大有作為的人。

如果一個人能和自己那永不死亡、永不敗壞的高貴神性相和諧，他便能發揮自己最大的效能，獲得無上的幸福。

未來的醫生會讓病人知道，在人的身體中有一種創造的作用是永遠在進行的，這種創造的力量，不但創造他自己的生命，還在不斷地更新生命，恢復生命。比如，以骨折為例，骨頭折斷經過外科手術，多久之後就會使之復原。如果我們的教育注重這一方面的訓練，那麼自然的治療便會補救身心上種種缺陷。

　　但許多人並不知道深入自己的意識內層，去開發那些供給身體力量的泉源，因此，他們的生命往往是枯燥而毫無生氣的。然而如果我們能深入到自己內在力量的深處，那麼就可以尋得生命的大活泉。一旦飲得這生命的活水，就不會再感到口渴，這種泉源就可取之不盡，用之不竭。

　　所以，一個人一旦能對內在的力量加以有效地運用，他的生命便永遠不會陷於卑微貧困的境地。

　　安利哥‧卡露是義大利著名男高音歌手。少年時代的他，唱歌的聲音就好像風吹窗戶的嘶啞聲，實在令人無法忍受，所以當時音樂教師就勸告他說：「你實在沒有唱歌天分，還是算了吧！」但是他從不死心。他一方面在拿波里的工廠工作，一方面練習唱歌，無論如何都想成為一名歌手。每天晚上，他的頭腦裡都在描繪「在一個大會場，他站在巨大的舞臺上，接受滿場觀眾如雷鳴般的掌聲」那種令人欣喜的場面，嘴裡一邊喃喃唸著「一定可以」才緩緩睡去。

　　終於，因為有了強大的信念並經過勤奮練習，他成為了一位著名的男高音歌唱家。當他在舞臺上接受觀眾的掌聲時，他對自己說：「我的願望終於實現了。」

　　約翰‧費爾德看見自己的兒子馬歇爾在戴維斯的店裡招待顧客，就問戴維斯：「戴維斯，近來馬歇爾生意學得怎樣？」

戴維斯一邊從桶裡揀出一隻蘋果遞給約翰·費爾德，一邊
答道：「約翰，我們是多年的老朋友，不想讓你日後懊悔，而
我又是一個直爽的人，喜歡講老實話。馬歇爾肯定是個穩健的
好孩子，這不用說，一看就知道。但是，即使在我的店裡學上
1,000 年，也不會成為一個出色的商人。他生來就不是個做商
人的料。約翰，還是把他領回鄉下去，教他學養牛吧！」

如果馬歇爾依舊留在這個地方，在戴維斯的店裡做個夥
計，那麼他日後決不會成為舉世聞名的商人。可是他隨後到
了芝加哥，親眼看見在他周圍許多原來很貧窮的孩子做出了
驚人的事業，他的志氣突然被喚起，心中也燃燒起一個要
做大商人的決心。他問自己：「如果別人能做出驚人的事業
來，為什麼我不能呢？」其實，他具有大商人的天賦，但戴
維斯店鋪裡的環境不足以激發他潛伏著的才能，無法發揮他
貯藏著的能量。

一般來說，一個人的才能來源於他的天賦，而天賦又不大
容易改變。但實際上，大多數人的志氣和才能都深藏潛伏著，
必須要外界的東西予以激發，志氣一旦被激發，如果又能加以
繼續的關注和教育，就能發揚光大，否則終將萎縮而消失。

因此，如果人們的天賦與才能不被激發、不能保持、不
能得以發揚光大，那麼，其固有的才能就要變得遲鈍並失卻
它的力量。

愛默生說，「我最需要的，就是有人叫我去做我力所能及的事情。」去做「我」力所能及的事情，是表現「我」的才能的最好途徑。拿破崙、林肯未必能做的事情，但「我」能夠做，只要盡「我」最大的努力，發揮「我」所具有的才能。

在美國西部某市的法院裡有一位法官，他中年時還是一個不識文墨的鐵匠。他現在 60 歲了，卻成為了全城最大的圖書館的主人，獲得許多讀者的稱譽，被人認為是學識淵博、為民謀福利的人。這位法官唯一的希望，是要幫助人民接受教育，獲得知識。可是他自身並沒有接受系統的教育，為何產生這樣的宏大抱負呢？原來他不過是偶然聽了一次關於「教育之價值」的演講。結果，這次演講喚醒了他潛伏著的才能，激發了他遠大的志向，從而使他做出了這番造福民眾的事業來。

在我們的現實生活中，有許多人直到老年時才表現出他們的才能。為什麼到老年會激發他們的才能呢？有的是由於閱讀富有感染力的書籍而受到激發；有的由於聆聽了富有說服力的演講而受感動；有的是由於朋友真摯的鼓勵。而對於激發一個人的潛能，作用最大的往往就是朋友的信任、鼓勵、讚揚。

倘若你和一般失敗者面談，你就會發現：他們失敗的原

因，是因為他們無法獲得良好的環境，是因為他們從來不曾走入過足以激發人、鼓勵人的環境中，是因為他們的潛能從來不曾被激發，是因為他們沒有力量從不良的環境中奮起振作。

人的一生中，無論何種情形下，你都要不惜一切代價，走入一種可能激發你的潛能的氣氛中，可能激發你走上自我發達之路的環境裡。努力接近那些了解你、信任你、鼓勵你的人，這對於喚醒你心中沉睡的潛能，對於你日後的成功，具有莫大的影響。

3 塑造一個新的自我意象 ▶

　　人性就像水，決諸東則流向東，決諸西則流向西。以今天的眼光來看，這種觀點是相當精闢的。因為現代心理學的研究發現，人性是完全可以透過後天的努力加以塑造的。正是在這一基礎之上，心理學家們提出了「自我意象」這一概念。

　　「自我意象（self image）」這一概念的提出，是心理學和個性創造領域的一大突破，也是 20 世紀最重要的心理學發現。也許我們在本書引入這一概念，會令讀者覺得有點深奧，其實，它並不是一個令人費解的話題，而是我們很容易理解，並且時而面對的問題。也許只是我們以前很少看到或聽人提起這個概念而已，相信每個人都能夠透過本書，輕鬆容易地理解這一關於自我的重要概念，並切身加以運用，重新找到自我、超越自我！

　　許多年來，心理學、精神醫學和醫學界正在悄悄地進行一場革命。在臨床心理學家、實用精神醫學家、美容師和所謂「整形外科醫生」的成果和發現中，逐漸形成了一個有關「自我」的新理論和新概念 —— 自我意象。如今，自我意象

的重要性已得到了普遍承認。「自我意象」──一個人的心理和精神上的觀念，或其自我「影像」──是左右人的個性和行為的真正關鍵，它是人類個性和行為的關鍵。改變自我意象就能改變自己的個性和行為，但這還不是全部，「自我意象」還決定一個人成就的界限。它決定你能做什麼和不能做什麼。如果你擴大套用了自我意象，就能擴大套用自己的「潛在領域」。發展適當的自我意象能使你富有新的能量和才華，並最終將失敗轉化為成功。

不管我們知道與否，每個人心中都有一幅心理藍圖，或者說是一種自我影像。相對於意識的專注程度來說，它也許模糊不清，又或者是混亂的。事實上，也許它根本無法有意識地進行認知。但它卻是存在的，既完整又詳細。這一自我意象就是我們經常對自己持有的一種自我觀念──「我屬於哪種人」，它建立在我們的自我信念之上。但是，絕大部分自我信念都是根據我們過去的經驗、我們的成功與失敗、我們的屈辱與勝利、以及他人對我們的反應，特別是根據童年的經驗而不自覺地形成的。根據這一切，我們在心裡造出了一個「自我（一幅自我影像）」。就我們自己來說，一旦某種與自己有關的思想或信念進入這幅肖像，它就變成「真實的」。我們不會去懷疑它的可靠性，只會根據它去活動，就像它的確是真實的一樣。

自我意象之所以能成為開啟美好生活的一把金鑰匙，是因為以下兩個重大的發現：

1. 人的所有行為、感情、舉止，甚至才能，永遠與自我意象相一致

簡而言之，你把自己想像成什麼人，你就會按照那種模式行事；而且，即使你做了一切有意識的努力，即使你具有很強的意志力，你也根本不能有別的行為。如果你把自己想像成「失敗型的人」，你就會想盡辦法失敗，儘管你有良好的願望、頑強的意志力，甚至機遇也完全對你有利。把自己想像為不公正的犧牲品，認為自己是「注定要受苦」的人，就會不斷地尋找各種環境來證實自己的觀點。

自我意象是一個前提、一個根據，或一個基礎，人的全部個性、行為，甚至環境都建立在這個基礎之上。舉例來說，一個孩子如果把自己看成「不及格型」的學生或者「算術不開竅」的學生，他就總會在自己的成績單上找到證據；一個自以為沒人喜歡的女孩子會發現自己在舞會上總是沒人理睬，別人的排斥完全是她自己造成的 —— 她那愁眉苦臉、低三下四的態度，急於取悅於別人的焦慮，或者對周圍人的下意識的敵意，都會把她本來能迷住的人拒於千里之外；一個推銷員或者商人抱有同樣的態度，他也會發現自己的實際經驗能夠「證明」他的自我意象是正確的。

由於有這種客觀的「證據」，很少有人會發現問題出在他的自我意象或者自我評價上。可是我們後面將會看到：一旦說服他們改變自我意象，學生的成績和推銷員的收入就會發生奇蹟般的變化，而他只不過還是原來的自己。

2. 自我意象是可以改變的

無數事實說明，一個人不論年紀大小，都來得及改變他的自我意象，並從此開始新的生活。

一個人難以改變他的習慣、個性或生活方式，似乎有這樣一個原因：幾乎所有試圖改變的努力都集中在所謂自我的圓周上而不是圓心上。很多人認為：「積極心態」我已經嘗試過了，但它對我沒有作用。但如果進一步追問他們就不難發覺，這些人是在運用或者試圖運用「積極心態」，他們首先改變的是自己特定的外在環境、特定的習慣，或性格缺陷，卻從來沒有想到要改變造成這些狀況的自我認知。

已故的普萊斯科特·雷奇是自我意象心理學的先驅之一，他對這個問題做過最早和最有說服力的實驗。雷奇認為，個性是「一套思想體系」，思想與思想之間必須一致。和這個體系不一致的思想受到排斥，「不被相信」，也不能引導人的行為；與這個體系一致的思想則被採納。這套思想的中心 —— 它的基石 —— 就是個人的「自我理想」，即自我意象（自我觀念）。雷奇是一個教師，他有機會利用幾千個

學生來驗證他的理論。

雷奇認為：如果某學生學習某一科目有困難，可能是因為（從學生的眼光看）他不適於學習這門學科。然而雷奇相信，如果改變學生的這種自我觀念，那麼他對這門學科的態度也就相應改變。如果引導學生改變他的自我定義，他的學習能力也會改變，這種理論得到了驗證：有一個學生在 100個單字中拼錯了 55 個，而且很多課程都不及格，所以喪失了一年的學分；但第二年各科成績平均 91 分，成為全校拼寫最優秀的學生。另一個男孩因為成績太差被迫退學，而進入哥倫比亞大學後卻成為全優生。一個女孩拉丁文考試四次不及格，學校的輔導員與她談過三次話後，最後以 84 分的成績通過了。一位男生被一個考核機構斷定為「英語能力欠缺」，卻在第二年榮獲學校文學獎的提名……

這些學生的問題不在於他們頭腦遲鈍或缺乏基本能力，而在於他們的自我想像不恰當。他們「確認」自己的錯誤和失敗，不是說「我考試失敗了」，而是認為「我是個失敗者」；不是說「我這門科目不及格」，而是說「我是個不及格的學生」。

此外還有一些別的臨床案例，如有的人特別怕見到陌生人，過去很少出門，現在卻以公開演講為生；有一位推銷員曾認為自己「不是做推銷的料」而寫了辭職信，6 個月之後

卻成為100位推銷員中的佼佼者；一位牧師因為「神經緊張」受不了每週一次布道的壓力而考慮退休，現在他除了每週布道一次外，平均還有三次「外出約談」，根本不知道什麼叫做「緊張」。

在我們的生活中，類似這樣不同結局的例子不勝枚舉，因為他們都做到了一點：改變自我意象。

■ 4　讓自立主宰自己的生命 ▶

「自立者，天助之。」這是一條屢試不爽的格言，它早已被漫長人類歷史中的無數經驗所證實。自立的精神是個人一切真正的發展與進步的動力和根源，它體現在眾多生活的領域，成為國家興旺強大的真正泉源。從效果上看，來自外在的幫助只會使受助者走向衰弱，而來自內在的幫助則必定使自救者興旺發達。

如果你能夠做到自強與自立，那麼你就能找到一條布滿荊棘的成功之路。所謂自強與自立，就是要勇於堅持自己的權力和見解，這不僅表現在和別人交換意見時，而且要付諸行動，或透過某種暗示來表明自己的權利和主張。

一個人要學會擺脫別人試圖強加在我們頭上的支配力的途徑和方法。唯有勇於堅持自己的權力和見解，才能使你克服和避免受人支配。

自立精神的張揚乃是人類逐漸認知自我，尊重自我的結果，這一過程的里程碑就是十四世紀發生在歐洲的文藝復興運動。

偉大的文藝復興運動提出了一系列讓前人覺得不可思

議的口號,「平等」、「自由」、「博愛」,從那時開始,人的意志從群體逐漸走向了自我,人開始真正意識到自我,尊重自我。

人的命運掌握在自己手裡,貝多芬,天才的音樂家,創作出許多經典作品,影響著往後整個世界,他有一句不朽的名言:「我要扼住命運的喉嚨。」對一個人來說,聽覺太重要了,對一個音樂家來說,聽覺無疑是生命,但他最終在耳聾之後還創造出一系列不朽的音樂,這就是與命運搏鬥的人格魅力,這就是掌握自己人生的最好註解。

如果你讓別人決定你的人生,內心永遠不會感到踏實,掌握自己的思想,把握自己的人生,讓自立主宰你的生命,是每個人至高無上的權利,也是人類最大的奧祕,一定要在不影響別人的前提下,掌握自己的人生,擁有自己的想法,尋找自己的道路。

只要能運用自己的這項權利,那麼無論你在哪個領域,都會取得成功,所謂的天才,不外乎是自己的個人奮鬥再加上外在的機遇,機遇也不是可遇不可求,遙不可及的,「機遇是給有準備的人」,只要你奮鬥了,努力地以自己的想法指導自己去行動了,你一定會成功。

我們聽到了很多名人的故事,他們或在逆境中崛起,或飽受磨難而矢志不渝,或化阻力為動力,將絆腳石一塊又一

塊踢開，最後名利雙收，成為了工業鉅子，如福特、愛迪生、卡內基等。

除了這些名人之外，那些能正確把握自己，沿著自己道路探索的人同樣可敬，在別人看來，他們可能默默無聞，他們可能一事無成，但他們同樣過得幸福，同樣過得滿足，幸福不同於富裕，富裕是一種客觀的，外在的衡量標準，而幸福的衡量標準在每一個人的內心，人人心中各有一把尺。

請記住，自立的精神，正如它在充滿活力的個人行為中所表現出來的那樣，它在任何時代都應該是追求成功者所擁有的一個令人側目的特徵，它是我們生命輝煌的真正泉源。

■ 5　生命因追求而精彩 ▶

　　沒有希望就不會有追求，沒有追求就不會有成功。成功的取得往往來自於鍥而不捨的精神。你永遠也打敗不了一個永不認輸、不停追求的人。

　　你也許不比別人聰明，你的口才也不比別人好，但你卻不一定不如別人成功。只要你多一分耐性，少一份懦弱，多一分熱情，少一分冷漠，在即將放棄一項工作之前，告訴自己，再做一次努力，也許你就會開啟成功之門。

　　不會追求和享受自然美的人，在他的生命中就缺少了養成高貴人格的一大要素。

　　無論從事何種職業，我們都不應為了金錢去犧牲生命中最高貴、最美麗的東西，我們應該利用種種機會，使「美」充實於我們的生命裡。

　　一個愛美的人，他的生命中自然含有美好的成分。美好的思想與美好的觀念，都會顯露於一個人的言談舉止當中。愛美的學者將會成為藝術家，使自己的家庭美滿而甜蜜。無論人從事的是何種職業，愛美的習慣使人們不但能做個合格的工匠，還能做個出色的藝術家。

　　所謂完美的生命，一定是為愛美的習慣所點綴、所激發、所豐富的生命。不會享受自然美的人，在他的生命中就缺少了養成高貴人格的一大要素。愛美在任何人的生活中都占有很重要的地位，比如人的性格，受他人的影響較少，但自然的風景、美麗的花卉，卻極易對人的性格發生影響。

　　美的東西往往能激發人們心靈深處的一種力量，所以，美的東西能使人的頭腦更為清新，使人的精力得以恢復和保持，並促進身體與精神的健康。

　　對美的心靈感悟才是一帖真正的生命藥方，它可讓盲人永遠活在光明中。可悲可嘆的是，我們許多健康的人卻一直生活在黑暗中——他們對身邊的美熟視無睹！

　　兩個盲人靠說書彈三弦餬口，老者是師父，七十多歲；幼者是徒弟，二十歲不到。師父已經彈斷了 999 根弦子，離 1,000 根只差一根了。師父的師父臨死的時候對他說：「我這裡有一張復明的藥方，我將它封進你的琴槽中，當你彈斷第 1,000 根琴弦的時候，你才可取出藥方。記住，你彈斷每一根弦子時都必須是盡心盡力的。否則，再靈的藥方也會失去效用。」那時，師父是只有 20 歲的青年，可如今他已皓髮銀鬚。50 年來，他一直朝著那復明的夢想前進。他知道，那是一張祖傳的祕方。

　　一聲脆響，師父終於彈斷了最後一根琴弦，直向城中的

藥鋪趕去。當他滿懷期待等著取草藥時，掌櫃告訴他：那是一張白紙。他的頭嗡地響了一下，平靜下來以後，他明白了一切：他不是早就得到了那個藥方嗎？就是因為有這個藥方，他才有了生存的勇氣。他努力地說書彈弦，受人尊敬，他學會了愛與被愛。

回家後，他鄭重地對小徒弟說：「我這裡有一個復明的藥方。我將它封入你的琴槽，當你彈斷第 1,200 根弦的時候，你才能開啟它，記住，必須用心去彈，師父將這個數錯記為 1,000 根了……」

小瞎子虔誠地允諾著，老瞎子心中暗想：也許他一生也彈不斷 1,200 根弦……

成功的動力在於希望，生命的精彩在於追求。成功與否並不重要，因為追求成功的過程本身就是最美的人生。

6　以追求啟動生命卓越的機器　▶

當你有機會接觸到成功的人士，你便會領略這段話的含意：

「每個人到了某一個年紀，都會開始明白成功的重要性與意義，因而對它產生『期望』。但空泛的『期望』是不會產生財富的。相反，成功有著強烈的欲望——執著於你的理想、籌劃出確定的路線去開發財富，動用堅忍不拔的精神去支援自己，永不言敗、不勝無歸——你將會替自己創造出驚人的業績。」

成功者信念和欲望強大，他們活像一隻無時不在蟄伏候動的老虎，一部勇往直前而不可停止的火車頭，一枚用核子能源推動，目標確定不擊中鴻鵠誓不回頭的成功導彈。他們毋須別人鞭打監管，而能自制自律；他們不曾浪費一分一秒的時間，懂得盡用資源。他們矢志不渝、無所畏懼，所以無往不利。

成功者有銳矢，也有強弩；他們擁有偉大的夢想卻不會浸淫於虛泛的空想。他們是有計劃的行動家，是能付諸現實的理想家。

從前有一個將軍，為求必勝，冒險犯難，將士兵用船載往敵岸，卸下裝備之後，便下令燒船；拂曉攻擊之前，他正色對士兵們說：「你們都看到軍艦已被燒毀了。這一仗我們是非勝不可，否則我們沒有人可以活著離開這裡。我們只有兩條路 —— 勝利或者死亡，再無其他選擇。」

他們真的勝利了。這就是教導我們「破釜沉舟」，置之死地而後生的那段歷史故事。

如果我們想在最惡劣、最不利的情況底下仍然必勝，我們必須自動將船隻燒掉，把所有可能退卻的道路切斷。只有這樣我們才能保持「必勝」的熱忱與心態。這是成功必備的條件。

這就是信念和欲望二者不可缺一的道理：成功的信念要高遠、恢宏，而必勝的欲望要旺盛、堅毅。

7　生命的奇蹟由生命去創造 ▶

　　生命的潛力是無窮的。你是被表現出來的「生命」,「生命」和你就是一體的。對於「生命」來說,你的存在是非常重要的,因此你必須對「生命」負起責任。

　　在這世界上,你和別人是不一樣的,不僅容貌相異,連想法、感情、信念也都是完全不同。你擁有特別的天賦,它是一種上天眷顧你的獨特能力,以及特殊的才能。

　　請學習你能夠做的事,以及你應該做這事的方法,如此一來,你就能夠完成自己的命運和存在的理由了。此外,請擴充你人生的活動領域,那麼,不論你置身於何種場合,你應該都會感覺到自己的重要性。

　　對於想像力、思考、理性的特性和機能,你被賦予選擇和實行的力量。

　　因而生命透過你本身,毫無掩飾地將生命中的精力、活力、平安、愛、喜悅和智慧的光輝顯現出來,這是我們所期待的。

　　當你走向生活的時候,不要猶豫,不要回顧,雖然足跡留在後頭,而更富現實意義的生存智慧卻在前頭。

前面有荒漠大野，有峭壁懸崖，有幽幽芳蔭，也有綠島仙洲。然而，你卻要看準那條你業已選定的路，不論路標指向的是悲苦還是歡樂。

相信你走的路能為世人帶來幸福，那麼，你就會喜歡把歡樂與人分享，使快樂的人由一個變成兩個；如若你悲苦，也會悲苦得快活，因為你知道，這悲苦正在為他人釀造幸福。

世間唯有予人歡樂者能擁有包容人類福廕的胸懷，這本身就是人類獨有的大奇蹟。

相信你走的路是能增進人類生存智慧的路，那麼，你就會自然地、心情舒暢地把個人的智慧融入集體的智慧，使自身的智慧精靈閃現著聰明才智的光芒。也許你的才智不算太高，人生的成果也不算出眾，然而依然會光耀奪目。

因為你不失為人類「智慧海」中的一名驕子 —— 不是佛家奉稱的「智慧海」，而是人類「文明」的「智慧海」 —— 這還能不算人類獨有的大奇蹟嗎？！

你在創造的生涯中，只要創造著世間原先沒有的物質財富和精神財富，也就是創造著奇蹟般的你自己。因為世上一切創造著的大奇蹟，正是這眾多創造成果的累積。

但是，如果你在人生舞臺上脫穎而出了，成為了巨星、偉人、豪士，那麼，如若你孕育大奇蹟的功能不衰，你將會

表現為心靈的定位 —— 不忘自己是人類智慧的子女……

生命奇蹟生命造，這是人類傳奇的生花妙筆所共同書寫而出的。

電子書購買　　　爽讀 APP

國家圖書館出版品預行編目資料

目標達成學，在人生賽道上超速前進：實用的心理技巧＋改變日常習慣，從內心深處探索自信的根源！/ 王郁陽，舒天，孫思忠 主編 . -- 第一版 . -- 臺北市：財經錢線文化事業有限公司 , 2024.04
面；　公分
POD 版
ISBN 978-957-680-834-0(平裝)
1.CST: 成功法 2.CST: 自我實現
177.2　　　113003435

目標達成學，在人生賽道上超速前進：實用的心理技巧＋改變日常習慣，從內心深處探索自信的根源！

臉書

主　　　編：王郁陽，舒天，孫思忠
發 行 人：黃振庭
出 版 者：財經錢線文化事業有限公司
發 行 者：財經錢線文化事業有限公司
E - m a i l：sonbookservice@gmail.com
粉 絲 頁：https://www.facebook.com/sonbookss/
網　　　址：https://sonbook.net/
地　　　址：台北市中正區重慶南路一段六十一號八樓 815 室
Rm. 815, 8F., No.61, Sec. 1, Chongqing S. Rd., Zhongzheng Dist., Taipei City 100, Taiwan
電　　　話：(02) 2370-3310　　傳　　　真：(02) 2388-1990
印　　　刷：京峯數位服務有限公司
律師顧問：廣華律師事務所 張珮琦律師

定　　　價：370 元
發行日期：2024 年 04 月第一版
◎本書以 POD 印製